O IMPACTO DA BELEZA II
REFLEXÕES NO RESGATE DA ALMA TRANSCENDENTE

AMOR, DINHEIRO, SAÚDE E + ÁREAS DA VIDA

ROHI OLAVO GARCIA

Escritora, ilustradora, arquiteta, autora de
Meditação, o tesouro de dentro

O IMPACTO DA BELEZA II
ROHI OLAVO GARCIA

Direitos Autorais - Biblioteca Nacional
Registro 748.079 / Livro 1.449 / Folha 456
Capa: pintura sobre desenho de Luis Stein

ÍNDICE

Ao amor no seu e no meu coração

CONSIDERAÇÕES INICIAIS

Esta parte II do livro *O impacto da beleza* se tornou um complemento sobre as Áreas da Vida utilizadas para inspirar a criação das Mandalas de Intenção no livro I. Também é interessante para quem já leu meu livro *Mude seu ambiente e seja mais feliz II* e quer se aprofundar nas áreas.

Aqui você encontrará uma importante pesquisa de todas as áreas visando melhores relações e um novo alento para a beleza da alma. Esta obra de autoconhecimento foi sendo feita em muitos anos, e sempre acrescentando atualizações.

Espero que as pessoas apreciem esta mistura de assuntos, pois desta mistura é feita a minha vida e a vida de outros, que não sou a única, já que os autores se juntaram aos meus conhecimentos nesta multidisciplinaridade de temas. Fazer este livro me salvou do caos e dos problemas, um verdadeiro resgate da minha alma. Se eu evoluo a humanidade evolui. Embora uma grande parte do público nem pense nestas coisas de consciência, outra parte as trata como primordiais, e é para estas pessoas e eu mesma que escrevo e sigo pesquisando. Estamos imersos na evolução da humanidade em momento especial de transição planetária. E esta obra pretende que as ideias inteligentes e abertas prosperem e que as velhas ideias emperradoras regridam para que a beleza continue.

Nesta escrita sou muitos autores. Nunca paro de estudar e as pesquisas estão aqui representadas, implícita e explicitamente. Resgato ideias da antiguidade e também da atualidade para não serem esquecidas. Recheei esta obra de frases que mostram uma diversidade de autores de diferentes épocas e realidades, tudo contribuindo para ampliar a pesquisa. Muitos autores simplesmente caiam no meu colo e tiravam a palavra da minha boca ao escreverem o que eu penso! Não existem verdades reais, mas o que escrevo aqui são experiências que devo passar adiante, para meu bem e o bem do próprio conhecimento.

ISABEL ALLENDE: Copiar de um autor é plágio, copiar de vários é pesquisa.

Cheguei a uma fase que somente reconheço aquilo que me emociona, me diverte ou me faz criar. Minha busca trouxe escolhas ditadas por especialistas, mesmo eu sendo apenas uma mulher tentando transformar os problemas causados por um domínio de 20000 anos de uma só energia: a masculina. Tudo em que se baseia este trabalho é a autoconsciência, pois a beleza não é só da arte ou de objetos de arte, também está nos pensamentos, por isso os assuntos englobam corpo, mente, alma e espírito. É um livro de consulta não "autoincensador", e aqui cada um tem sua parcela de esforço.

E por este mundo não saber mais o que é ser mulher e sobre o feminino, este livro é mais um que também aborda a nossa condição e a necessidade de transformar velhos padrões de comportamento. A mulher é outra, o homem é outro, e agora são necessárias novas diretrizes para a harmonização da relação entre gêneros.

Já vivi um bocado de experiências e tudo aqui já foi experimentado e de alguma forma me fez crescer, então aí estão as ferramentas à espera da experiência do leitor. Os valores estão virados, o temor se espalha na Terra, mas temos aqui vários instrumentos para que não nos deixemos levar pelo mal, através da arte, da beleza, da meditação, da atividade física e da fé.

Se cheguei à depuração da arte e à liberdade foi porque o caos que impera no mundo já fez parte de mim mesma e já cheguei ao fundo do poço, quando o único a fazer era chorar, e rezar, e pedir por help. Quando o emocional e o financeiro se estragaram e apareceram ideias de morrer, eu não queria simplesmente repetir a história de escritores que viveram na miséria. Sabia que "se um problema custa mais que um oitavo de preocupação, ele não vale os outros sete oitavos de tranquilidade", mas tive que passar todo o processo de superação até vencer a guerra que causei para mim mesma.

Ainda bem que a vida tira e a vida dá de volta, e a sobrevivência sempre acontece para quem está vivo, só que apenas sobreviver não é suficiente, apenas trabalhar não faz ninguém feliz, é necessário mais para o florescimento do espírito. A vida nunca foi só calmaria nem tampouco resignação, e a decorrência dos fatos confirmou o poder do espírito em refazer tudo. No pensamento holístico tudo é parte de tudo e as ideias passeiam entre aspectos históricos, filosóficos e sociais de todos os tempos e todos os lugares. Como não me iludo mais com os princípios voláteis da autoajuda básica, os escritores tratam aqui de aprofundamentos nos aspectos da personalidade que, se me mudaram, podem mudar outros. São pessoas geniais que inspiram soluções e eu me associo a elas nas reflexões sobre os setores da vida, neste acervo de pesquisas que propicia aprofundar sempre mais.

O livro é meu e de outros notáveis escolhidos porque eu não sou das massas e não faço parte da cultura televisiva alienante. Nesta profunda descoberta de mim mesma me vi no meio de tudo e parte de tudo. Ainda que eu não seja a autora de tudo aqui, concordo com todo o escrito nesta "mina de conselhos escondidos nos bastidores". Neste tributo à arte tudo culminou na essência da beleza da vitalidade, da sexualidade e do mais sagrado em nós, que é nossa transcendência.

O livro não tem começo e fim como os romances, você pode abri-lo onde quiser, e é estimulante a que cuidemos melhor de nossos labirintos diários. É uma chamada para o caminho transcendente da luz. O mal é grande, mas devemos querer que o bem vença.

Todos pensam em si mesmos o tempo todo, mas em contato com o belo saímos deste foco em nós mesmos para a comunhão com a beleza universal - o impacto da beleza! Este impacto está no prazer do indivíduo ao ver uma bela obra, e isto só aumenta o bem-estar geral. A continuação do livro é de cada um, como foi esta experiência de quem não é nem antropólogo, psicólogo ou filósofo, apenas uma simples arquiteta com sensibilidade e vivência em campos múltiplos.

A necessidade de escrever sobre autoconsciência para aclarar minha mente insaciável por treinamento vem de um questionamento sobre como rumar um caminho de amor aqui na terra mesmo, sem ter que ser monja num mosteiro acima das nuvens. Este é o treino eterno, enquanto for mais fácil entender os outros e aceitar o mal da humanidade que resolver meus próprios problemas internos.

Ter ido à Índia, uma viagem iluminada, mudou a forma de vida que já não me servia, e na volta virei rato de biblioteca e pesquisadora até encontrar o que procurava: um trabalho que me realiza - escrever e ilustrar livros que de alguma forma continuem o que foi dito pelos mestres.

Tudo começou como hobby, mas foi gritante e não tem mais fim: limpar e adequar frases que aparecem do nada, "polir e envernizar o texto até que brilhe"... Isto não é trabalho, é o prazer que vem da criação, de ser atenta a ideias tiradas de todas as situações, que ultrapassa até regras de semântica. De tudo a gente tira uma palavra.

JOÃO ANTÔNIO: Para o bom entendedor um pingo é letra.

Desde criança era boa em sintetizar textos, e era a queridinha da vovó, que me ensinava prosa e poesia com um amor muito rico e meigo. A cada festa de família ela me intimava a declamar poesias dramáticas, e lá ia eu ser astro mirim junto a meus irmãos. Desde cedo aprendi que até a tragédia na poesia é bela.

Além da corrupção, os noticiários seguem mostrando rituais de apedrejamento e o linchamento de mulheres como na Idade das Trevas, e de outras bebês decepadas em suas partes genitais em diferentes países. "Atire a primeira pedra quem não tiver pecado", disse o Mestre há 2019 anos atrás. Até hoje continuam os julgamentos da moralidade bem e mal e de gênero. A justiça divina não tarda e não nos cabe julgar, nós nem sequer podemos saber a extensão da verdade sobre os fatos. Agora precisaríamos de um novo líder expulsando fariseus e bandidos dos templos!

MARGARET STARBIRD: Estudiosos do Novo Testamento acreditam que a acusação feita a Jesus não era de blasfêmia por se julgar filho de Deus, mas de insurreição. Jesus foi acusado de incitar o povo ao terror, e representava um desafio direto à autoridade política de Roma e à elite do sistema religioso, que colaborava com a autoridade romana.

Precisamos todos de um salto quântico, mas não há atalhos para a evolução, embora tudo faça parte de um aprendizado, seja pelo esforço de cada um ou pelo trabalho dos anjos e guias celestes.

MANUSCRITOS DO MAR MORTO: Eu, que sou pó e cinza, como poderia ser forte se Tu não me sustentasses?

Por um tempo o poder andou torpe de tanta corrupção e nós, o povo, quase desistimos. Gradativamente nós vimos nossa função de cidadãos despertar e conseguimos mudar o poder; eu fui cabo eleitoral e trabalhei pela mudança.

Hoje a política e os assuntos do poder já não me seduzem mais porque estou colocando a energia no interior, sendo que a corrupção, as guerras e o terrorismo passaram a ser vistos como parte constante do mundo.

O impacto das pesquisas deste livro se faz mais presente a quem permite que as palavras o transformem. Por isso, você não tem mais volta, após ter adentrado estes capítulos.

CLAUDIO NARANJO: Deixem as ideias trabalharem por si mesmas. Com a observação das interpretações, o resto virá.

Importante dizer que esta obra não pretende mudar ninguém além do que cada um quiser mudar. É como a historinha: "Quantos terapeutas são necessários para mudar uma lâmpada? - Não sei, mas a lâmpada deve querer ser mudada".

Agora vamos às áreas: Vitalidade, Família, Autoconfiança, Criatividade, Trabalho, Prosperidade, Amigos, Relacionamento e Consciência

NOVE ÁREAS DA VIDA

WILLIAM JAMES: Os seres humanos, ao mudarem atitudes internas de suas mentes, podem mudar aspectos externos de sua vida.

As áreas ajudam a tirar a estagnação da vida e preencher buracos e depressões do caminho, igual à água, que contínua e gradualmente preenche e contorna os obstáculos e segue adiante, rumo ao objetivo.

Vamos começar pela Vitalidade, que é a base de tudo. Depois vêm as áreas da Família, complementada pela Autoconfiança, que gera Criatividade, base para descobrirmos talentos e mais e um Trabalho que nos realize. Assim teremos Prosperidade e mais Amigos, dentre os quais poderemos obter um Relacionamento positivo e chegar finalmente à Consciência e luz na vida.

Na filosofia oriental cada um tem 50% de responsabilidade nas soluções de seu dia a dia. A outra metade é da vida ou do remédio que se usa num momento. E também depende da relação de cada pessoa com sua alma e com a Fonte. Assim, alinhados, tudo se dará mais facilmente.

A mágica de mudar funciona melhor se você mudar velhos modos de pensar, e quando menos espera, algo começa a despontar, e de repente você está na mesma sintonia fina que o universo e assim, com imensa confiança e gratidão, segue seu coração e entra num novo ser, outro você, mais feliz.

Ativar áreas também tem parte na Neurolinguística, em técnicas ocidentais e orientais de treinamento da mente, às práticas da Lei da Atração, da técnica EFT, das frases positivas, dos mantras para auxiliar a vida, dos números de Gravoboi, entre tantas outras técnicas para desbloquear entraves. Tudo ajuda na busca pela beleza interior, grande meta deste livro e da autora deste livro.

Vida longa e próspera para todos!

1 VITALIDADE

Vitalidade e saúde são assuntos dos mais relevantes para viver tudo o que se pode viver em grande estilo e energia.

É preciso vitalidade para amar e para criar beleza. Mesmo que eu não seja profissional de saúde, sou profissional da minha saúde.

Vitalidade é a sensação subjetiva de saúde. Se houver algum desequilíbrio físico, o sinal de disposição para atuar é sinal de saúde, e tudo se restabelece. O corpo tem poder autocurativo e este seu poder está na facilidade com que se recupera de distúrbios pela homeostase.

Nossa vida não nos pertence, como é nossa pretensão. Nascemos e morremos quando não queremos, e só nos resta ter o bem estar do corpo, cuidando do básico para a saúde.

Antes de tomar remédios alopáticos, podemos tentar tratamentos holísticos como homeopatia e florais, e atividade física, bom sono e meditação. Se limparmos da mente a doença, saramos de tudo. Certeza que a emoção nefasta faz mal ao corpo.

Dançar, o corpo agradece. A dança sempre foi a atividade mágica em rituais de amor e natureza, e está ligada a bater os pés sobre a terra, como substância de cura. Se você se sente longe da terra, talvez seja hora, mesmo dentro de casa, de dançar para ela como tratamento. E coloque um seixo sobre a mesa para lembrar-se da Mãe-Terra. Após ter subido as montanhas mais altas da minha região, adotei um seicho para ter sempre as montanhas perto de mim.

No sono profundo também somos parte da energia de cura divina e vemos nossa energia ser equilibrada. O poder do relaxamento, seja no sono ou em estado de vigília, age milagrosamente. Sentar-se em meditação, imóvel por alguns minutos, também é um profundo contato com as energias corporais de cura.

Para ficar doente, é só se enredar nos maus relacionamentos e nas injustiças, pois é esta emoção negativa que causa problemas em todos os níveis. O otimismo reforça o Sistema Imunológico. Também o humor é o remédio de cada dia, quem vai querer estar com pessoas mal-humoradas?

DANIEL GOLEMAN: Otimismo e esperança têm poder de cura.

Tanto na Física quanto na Biologia há tanto incertezas como possibilidades, e acreditar na inteligência de cada célula do corpo é parte da Área da Vitalidade.

SOL E VITAMINA D

Sem sol não há vida. Os dias de chuva são importantes porque necessários, mas um dia de sol é tudo o que precisamos às vezes.

A vitamina D volatilizada ao sol mais forte do dia é benéfica em vários sentidos para o nosso corpo, pois, além de evitar osteoporose, ajuda o cérebro e o Sistema Imunológico, sendo tratamento para vários tipos de doenças e vários tipos de câncer, incluindo o câncer de pele, em oposição ao errôneo conhecimento geral.

A vitamina D é considerada mais um hormônio que simples vitamina, e previne o Diabetes Tipo 2.

São necessários apenas 15 minutos diários de qualquer parte do corpo ao sol forte, sem uso de protetor solar.

Também é necessário obedecer ao ciclo diário do sol — dormir cedo e acordar cedo para que se faça o metabolismo regular do corpo.

ALIMENTO, O QUE ESTÁ A MAIS?

Todos deveriam aprender a cozinhar seu alimento com criatividade, colorido e rapidez.

Nosso corpo é uma miniusina de processamento de alimentos. O que está a mais é eliminado se há movimento.

ARTHUR KAUFMAN: Se você está usando a comida como droga e solução de problemas, pare e veja o que você está fazendo.

Nossa saúde é feita de bom sono, alimentação para nutrir, atividades físicas sem excessos e controle dos pensamentos de medo e preocupação. É difícil adoecer se tivermos paciência de esperar o tempo necessário aos fatos.

Aprender a comer melhor para tirar a maior causa de culpa da nossa vida é disciplina alimentar. Cada um já é bem grandinho para saber qual o alimento que o nutre e qual o degrada. Após certos probleminhas com a digestão, percebemos que o corpo tem uma resposta pronta ao que ingerimos.

HIPÓCRATES: O alimento deve ser nosso remédio.

Algumas considerações sobre os alimentos:

- Mastigar por mais tempo.
- Comer abóbora, abacaxi e outras fibras.
- Cuidado com soja e milho transgênicos e os alimentos estranhos à nossa flora, como os originários de outras regiões.
- Evitar as grandes misturas de alimentos até saber dos efeitos destas misturas no seu corpo. Cada corpo é diferente no seu funcionamento, e além das leis sobre nutrição, melhor é observar seu próprio metabolismo.
- Evitar o excesso de trigo e glúten. O polvilho, a farinha de arroz integral e outros cereais não têm glúten e devem ser adicionados em pães. O farelo de aveia tem pouco glúten e substitui bem a farinha de trigo.

Muito se diz sobre a alimentação vegana, mas há controvérsias destas dietas com a Dieta do Tipo Sanguíneo, pois para meu tipo de sangue a carne vermelha é de mais fácil digestão que as farinhas. É bom pesquisar sobre o que faz bem a cada indivíduo, sem generalizar.

Quando a gente come alguma coisa e está feliz, nada faz mal. E quando a gente está muito feliz, nem consegue comer, não precisa. Pessoas que passam muitos dias em terapias de não comer e não beber afirmam que o processo é mais fácil em grupo que sozinho, pelo sentimento de união.

Nosso corpo fica bem feliz de poder descansar entre refeições, por isso se diz da eficiência do jejum intermitente, no qual a gente se alimenta após maiores intervalos.

Evite excessos de comida inútil e passe aos alimentos que nutrem. Um prato tem limites em seu sabor, sabemos que depois de comer muito de uma coisa ela perde seu gosto, como todo prazer que se gasta com a repetição.

Além do valor nutricional dos alimentos podemos pesquisar seu valor funcional em relação às substâncias de que são compostos, por exemplo, proteínas, carboidratos ou vitaminas.

Atente para o uso do limão na dieta: tomar o caldo puro de uma vez, pois não se deve ter o contato prolongado do limão na dentina. É por isso que eu não tomo água com limão.

Pesquisar o valor do Magnésio no corpo: o Cloreto de Magnésio é especial para prevenir artrites e cálculos renais, além de outras prevenções sobre o aproveitamento do cálcio no organismo – e o Sulfato de Magnésio, que ajuda na digestão como laxante leve e na limpeza do fígado.

A gente vai envelhecendo e descobrindo como viver melhor sem tantos remédios alopáticos.

O MOVIMENTO

MARCIO ATALLA: Ser magro ou ser gordo não importa mais, o melhor é ser ativo. A mobilidade está na base de qualquer envelhecimento saudável.

EINSTEIN: O movimento é a condição real da matéria. Porque a massa transformada em calor gera energia.

Vitalidade e movimento estão ligados. Nunca podemos parar o movimento. Mas a atividade deve ser variada para evitar o esforço de repetição.

Qualquer movimento de corpo ajuda a prevenir hipertensão e diabetes, as grandes epidemias de hoje, e é bom para o coração e para o cérebro. Combater a hipertensão também é prevenção contra doenças cerebrais.

Existe uma enorme gama de atividades entre o perfeito e o nenhum: dançar, caminhar, subir escadas, pular corda, passear num parque e brincar com crianças são apenas algumas das atividades para quem não gosta de academias.

O remo e a natação servem para prevenir câncer de mama. E o impacto dos movimentos como caminhar e correr é muito importante para fixar o cálcio nos ossos.

Brincadeiras também são uma forma de gerar energia e fortalecer o físico. Os esquilos jovens e os jovens macacos utilizam suas piruetas e trampolins para ficarem fortes e flexíveis. Eles continuam estes movimentos durante a vida toda, pois quando adultos podem através deles escapar de predadores.

Experimente também os movimentos feitos com o uso do peso do próprio corpo. Na internet há imagens e material sobre isto. Você pode ficar forte sem sair de casa!

Pulsar o sistema muscular do assoalho pélvico 30 vezes sempre que se lembrar. O Assoalho Pélvico é a musculatura que dá sustentação ao intestino, bexiga e região genital. Trabalhar este grande músculo é imprescindível para prevenir incontinências em geral.

Os alongamentos devem ser feitos separadamente das atividades físicas, ao invés de antes ou depois delas. Antes os músculos estão frios e é melhor aquecer, e depois das atividades os músculos estão muito aquecidos e flexíveis, e há o perigo de alongar demais. Escolha um horário só para alongar, que pode ser até antes de dormir, para relaxar.

As atividades de corpo também são importantes para descarregar o estresse e as vibrações nefastas dos ambientes, como o excesso de eletromagnetismo e o desequilíbrio iônico, que impedem a saúde.

Hoje a TV e a internet são mais atraentes que as atividades físicas. E a atividade física é artificial, feita em aparelhos, canchas de esporte e piscinas, pois não decorre mais da necessidade básica de sobrevivência como era antes, de cultivar a terra, plantar, lavar a roupa no tanque e encerar o chão. Mesmo assim, vale o movimento.

MAURO CARBONAR: O movimento funciona como uma bomba levando energia a todo o organismo.

O corpo humano é uma máquina maravilhosa capaz de se regenerar e de melhorar com o uso. Como sabemos, um músculo bem exercitado fica mais forte, independentemente da idade. Boas experiências foram feitas sobre isto, e todos sabemos dos desequilíbrios do sedentarismo ou dos efeitos de dormir a mais ou a menos, desastrosos para a saúde.

DEEPAK CHOPRA: Se o uso fosse causa de envelhecimento, uma boa ideia seria descansar na cama a vida inteira.

Segundo a OMS, para manter a saúde são necessárias de três a cinco vezes de meia hora de atividade física de qualquer tipo por semana.

Segundo a Geobiologia, ciência explicada no meu primeiro livro, a atividade física é o remédio diário para descarregar do corpo toxinas, excessos de eletromagnetismo e efeitos de outras anomalias dos ambientes.

MÃE-ÁGUA

Quando eu estava no útero eu não tinha idade e minha mãe era o mar de onde todos nós viemos. Depois que ela se foi, a água é minha mãe, que me cuida toda vez que eu nado.

Não precisamos fazer como os grandes nadadores, que nadam 50 metros num só fôlego, mas podemos alcançar o supremo contato com a mãe-água, nossa origem.

MICHAEL FELPS: Consegui fazer o que eu queria, ganhei "a cereja do bolo" ao voltar a nadar e superar a mim mesmo.

A respiração ritmada é a fonte de saúde das atividades aeróbicas. A natação é uma limpeza por dentro e por fora. Nadar é reflexão, meditação, musculação, limpeza de chacras, endorfina e luz.

DANIEL GOLEMAN: As atividades aeróbicas são o melhor meio de suspender a depressão leve e outros estados de espírito ruins.

Entro em outra dimensão quando estou na água. Talvez em outros tempos eu respirasse na água.

LEONARD ORR: A água morna reequilibra os chacras, seja em banhos ou ao mergulhar.

ÁGUA É VIDA

Tomar água para não morrer. A desidratação crônica é causa de envelhecimento e óbitos em idade avançada, pois o equilíbrio eletrolítico vital e a química do cérebro são prejudicados. As pessoas mais velhas têm menos sede, por isso devem tomar água mesmo sem sede. O pior é trocar alimentos ricos em água por pães e bolos secos.

Tomar água contribui na respiração e no metabolismo.

LUCIANA AYER: Uma parte da respiração vira água pura; outra parte é radical livre, como a água oxigenada, fabricada no corpo para matar bactérias.

O costume de se tomar água morna em jejum ajuda na digestão, emagrece e ajuda a repor a necessidade diária. E em vez de tomar mais água, você pode comer frutas, verduras e sopas de legumes, ricas em água e vitaminas.

ANTHONY ROBBINS: Gorilas, elefantes e rinocerontes comem alimentos ricos em água.

Como nossas células são permeadas por água semelhante aos mares profundos, é bom tomarmos água com um toque de sal marinho ou sal rosa para que as células absorvam melhor a água, junto com os sais minerais.

DANÇAR

Dos velhos tempos de sexo, drogas e rock'n roll, pelo menos sobrou o rock'n roll. Chegar em casa e ligar o computador na pasta Dance e dançar livremente para pôr o corpo no lugar... Sou pé-de-valsa e me orgulho de sê-lo!

Para dores musculares, a dança põe tudo de volta no lugar; para dores da alma, a dança enleva e descarrega emoções. A capacidade de ter alegria é o objetivo da dança. E ao dançar invocamos um caminho original sagrado.

RUMI: Dance, mesmo em meio à dor.

A dança livre é uma atividade fortalecedora. No inverno ajuda a aquecer o corpo, melhorando o metabolismo. Para limpar os desequilíbrios emocionais, feche os olhos e seja total em sua dança.

MARK TWAIN: Dance como se ninguém estivesse vendo.

Quando alguém se solta numa dança, não importa sua idade nem seu tamanho, é um espetáculo digno de se ver. Sabia que você está incorporando os ritos do passado remoto e sua essência sagrada quando dança?

Quem já passou uma noite inteira dançando músicas frenéticas até cair de cansaço, já conheceu o melhor de muitas vidas.

CLARISSA PINKOLA ESTÉS: As velhas, quando dançavam, dançavam com arrebatamento, giravam rápido, batiam fortemente os pés, gritavam alto, em total abandono, as vozes enrouquecendo, parecendo vozes de bichos. Seus trajes de combate eram de filó e tules, que reluzem e farfalham em sensualidade ao caminhar vigoroso. Estas eram suas excentricidades para que o carinho pela alma não desaparecesse da face da terra. O sanfoneiro tocava pura loucura no seu instrumento, num trêmulo êxtase religioso. Quando a música cessava, via-se nos olhos de todos aquele olhar embaçado de "nunca vou esquecer esta noite".

SAÚDE MENTAL

GABRIEL GARCIA MARQUEZ: Se você continua com o corpo, o corpo continua.

Os lapsos de memória são normais até certo ponto, pior é a desatenção causada por excesso de estímulos, coisas a resolver sem solução, preocupação, e o vício de ficar no celular vendo mensagens. A desatenção acontece e aqui vamos ver alguns exercícios para a memória.

A memória é a maior das qualidades. As atividades físicas aeróbicas ajudam a clareza mental e os conhecimentos cognitivos. Dançar, correr, caminhar, nadar e andar de bicicleta são as atividades mais frequentemente relacionadas a oxigenar o cérebro.

Técnicas mnemônicas também ajudam muito a memória. São simples exercícios de associação com imagens ou lugares familiares, por exemplo, lembrar-se de coisas a resolver quando se associa isto a um caminho, ou associar números, imagens, letras e palavras ao que se quer lembrar.

A rotina entorpece o cérebro, por isso pratique coisas não corriqueiras, como tentar enxergar no escuro, que também serve contra o desperdício de energia, e ligar o carro de olhos fechados, percorrer um novo caminho a pé ou estudar novas línguas.

Arrume seu ambiente de forma diferente para criar novos mapas de associações e redes de aprendizado espacial no cérebro.

Promova festas, convide amigos e diga a eles para levarem uma pessoa nova, para praticar sua parte social.

Evite o estresse, treine sempre a atividade cognitiva, aprenda coisas, faça alguma atividade física e evite o colesterol. Todos são meios de prevenir neuropatias.

Tenha cuidado com panelas tóxicas, como as de alumínio ou de teflon danificado, que podem causar doenças degenerativas e alguns tipos de demências.

SONO DE QUALIDADE

Um dia ativo para uma noite passiva. No sono profundo o corpo tem boa parte de seu remédio natural diário.

No bom sono funcionam o Hormônio do Crescimento e a Glândula Pineal, produtora do hormônio Melatonina. Estes dois hormônios são os responsáveis por refazer nossa saúde diariamente à noite e no escuro.

No sono vamos para os portais de cura e proteção. A tecnologia atrapalha o sono, melhor se afastar da luz de equipamentos após o pôr do sol. Os aparelhos elétricos devem ser retirados de perto da cabeça, pois podem vibrar em frequência mais forte e atrapalhar o relaxamento do cérebro. Desligar o modem antes de ir dormir.

Ir para a cama pedindo proteção e afirmar frases positivas para resolver qualquer assunto ajuda a se desvencilhar de pensamentos que atrapalham o sono. Pode ter um caderninho para anotar o que vem à mente, e se desligar. Pode ter uma imagem de seu sonho na cabeceira da cama.

Dormir antes da meia-noite e acordar cedo ajuda a oxigenação do corpo para uma boa digestão. E conforme a idade avança é preciso se livrar de eventos estressantes, para ter melhor sono e produzir mais Melatonina.

Remédios para dormir causam dependência e overdose igual às drogas mais pesadas. Evite.

VIDA E EQUILÍBRIO

Perder a cabeça loucamente na dança é bom, mas diariamente temos que cuidar com as quedas, que são verdadeiras tragédias para algumas pessoas, por isso deve-se fortalecer o corpo para ter mais equilíbrio. Para evitar fraturas, a musculação é a prevenção para proteger os ossos.

Para ter mais equilíbrio, aproveite os exercícios que podem ser feitos em casa: andar na ponta dos pés, ficar sobre um pé só, depois trocar, caminhar com um ovo numa colher, dançar, fazer yoga e pilates. Pode também caminhar sobre o meio-fio nas calçadas ou em qualquer faixa estreita de piso.

Meu primeiro livro também mostra dicas sobre a Casa Segura e os cuidados com o ambiente, lugar onde acontecem muitas quedas. Por exemplo, deve-se evitar tapetes e passadeiras deslizantes e deve-se colocar barras de apoio no banheiro de idosos. Evitar ter ralo embaixo do chuveiro. Preferir móveis pesados e firmes para apoio. Novas doenças apareceram a partir da Segunda Guerra. É que o corpo humano não conseguiu ainda se adaptar aos novos tipos de alimentos. A Medicina Integrativa ensina técnicas simples de respiração e bom sono para prevenção de saúde. Integra corpo, mente, emoções e espírito, através da alimentação, respiração e respeito ao ciclo circadiano. Tomar água, caminhar num parque, inspirar e expirar lentamente, tudo ajuda a equilibrar as emoções. Também faz parte da saúde integral dormir cedo, evitar alimentos industrializados e comer utilizando a alimentação funcional. Meditar. Rezar. Recitar mantras. O corpo se recupera. NORMAN COUSIN: Aprendi a nunca subestimar a capacidade da mente e do corpo humano em regenerar-se. A força da vida talvez seja a mais incompreendida das forças da Terra.

O CORPO ETERNO

O metabolismo é um ato inteligente, e o alimento e a emoção são fundamentos da saúde, além do sono e do movimento. Não é o estresse o que envelhece, é a perda da capacidade de se adaptar ao estresse.

DEEPAK CHOPRA: O corpo não é uma máquina, nem um monte de matéria sem inteligência. Cada parte dele está constantemente mudando e renovando as células, transformando tudo num novo corpo.

Os conceitos sobre idade precisam ser reconsiderados.

BEN RAMPTON: O pertencimento a um grupo etário agora parece bem menos claro e menos relevante em si.

A longevidade é relativa a cada pessoa e os indicadores de bem-estar em qualquer idade são resumidos em: continuidade da função de aprender, beber água para hidratar, ter sonhos e planos, envolver-se com novos projetos e estudos, ter bons relacionamentos e ter vitalidade.

O corpo é uma maravilhosa máquina de saúde e vitalidade. Aqui estão algumas características das pessoas de

100 anos e mais, conforme pesquisa de Deepak Chopra: vontade de viver, reagir criativamente às situações, integrar coisas novas à vida, se adaptar às situações, saber que tudo acontece na hora exata, ser bom ouvinte e aceitar desafios.

Chopra, em seu livro *Corpo sem idade* ensina a trocar envelhecimento por longevidade, porque nós podemos mudar o que pensamos sobre nosso corpo para viver o que realmente somos - o microcosmo, uma porção holográfica do macrocosmo. Como ele diz, muitos paradigmas já mudaram:

- Nosso corpo é energia em essência, não matéria;
- Corpo e mente são inseparáveis;
- Ao mudar a percepção, mudamos a experiência;
- As reações do corpo são produto da consciência.

Segundo Deepak e a Física e a Biologia atuais, cada célula do corpo é um terminal em miniatura conectado ao computador cósmico. Em um ano, 98% dos átomos de nosso corpo terão sido substituídos.

Há organismos como amebas e algas que nunca envelhecem. Como também as emoções, o ego, o QI e parte do DNA.

"Não existe água velha ou sal velho no corpo." Ele é 70% água e sais minerais, e nossa água tem composição semelhante à dos mares mais profundos, portanto é influenciado pelas marés e também pela lua, e por isso a água com um pingo de sal, não o sal comum, que causa hipertensão, mas o sal marinho, restabelece a hidratação das células.

Todos nós estamos sempre envelhecendo e desenvelhecendo, mas não percebemos este movimento natural. A mente precisa de sugestões internas: ser otimista; ver significado na vida; ter prazer com as pequenas coisas diárias; valorizar os próprios méritos e celebrá-los; focar a cada dia uma virtude como amor, beleza, prosperidade, compaixão, coragem, força e confiança.

MARTHA MEDEIROS: Depois dos "50" vamos saboreando a maturidade. É a vida parte dois. Acabou o ensaio geral e temos mais liberdade, pois a liberdade não existe quando somos jovens.

Os velhos e velhas divertidas, que aprendem a se mover com humor onde estiverem, às vezes são misinterpretados pelos mais jovens, mas esta "segunda meninice", citando Tolstói, é sinal de sabedoria e desenvolvimento de vida.

CLARISSA PINKOLA ESTÉS: Muitas mulheres maduras foram expulsas de suas terras e descartadas como lixo porque eram perigosas para as pessoas normais. Voltaram a crescer e não deram muita atenção ao cultivo de lamúrias. Do tratamento implacável que sofreram, tornaram-se justas. Conseguem fazer fogo a partir de um pedaço de palha. Têm medo ou não, mas agem com eficácia de qualquer modo, o que significa ter um corpo físico e uma alma ao mesmo tempo.

Se ver como velho ou se ver como jovem, aí está toda a diferença no envelhecimento saudável. Estudos mostram que os chamados sinais irreversíveis do envelhecimento podem ser revertidos através de intervenção psicológica. Não é fácil, pois o maior desafio dos geriatras é a mudança de hábitos, como deixar de fumar, comer menos e fazer atividade física.

Quanto à sexualidade na idade avançada, a ciência assegura que ela nunca termina, só muda de comportamento.

GABRIEL GARCIA MARQUEZ: O hábito sexual não termina nunca, não depende de idade, e os jovens que pensam que seu corpo é mais potente, é verdade, mas na idade avançada acontece a potência com qualidade.

O que você quer ser quando envelhecer?

QUAL A SUA IDADE?

JEAN-YVES LELOUP: O que nos impressiona em um ser humano que entrou neste caminho de transformação é ao mesmo tempo sua grandeza e humildade. Ele sabe que é pó e que ao pó retornará. Mas também sabe que é luz e que à luz retornará.

Quanto mais avançamos na idade, mais perto da essência chegamos. O que estava escrito nas estrelas e nos caminhos do sol marcam nossa vida e transparecem em nossas procuras e escolhas.

CLARISSA PINKOLA ESTÉS: Podemos começar agora aquela travessia que nos levará ao poder da velhice e da sabedoria. O lugar com que sonhamos nos espera, se encararmos isto como nosso destino.

As ações têm respaldo interno na consciência de cada um, e uns envelhecem rapidamente por trabalhar duramente, enquanto outros florescem por causa do mesmo trabalho. A diferença está nos fatores sociais e psicológicos e em como as pessoas são distintas em seus três tipos de idade:

- Cronológica - fixa e tida como certa no tempo;
- Biológica - órgãos e funcionamento do corpo;
- Psicológica - subjetiva e determinante na velhice.

Em que idade cronológica, biológica e psicológica você se encontra?

DEEPAK CHOPRA: O envelhecimento acontece na mente, portanto os seres humanos podem mudá-lo. Após vinte anos qualquer cachorro é velho, após três qualquer camundongo é velho, porém o que pesa aqui é apenas a idade biológica. Já com seres humanos é bem diferente, todos sabem que há jovens de 80 anos e velhos de 25.

2 FAMÍLIA

Agradeço ter origem numa família de amor e união. Família - onde tudo nasce. Vida é união na família. Mas os membros de uma família nem sempre se criam sob o mesmo teto. Vivemos encontrando outros irmãos. A Área da Família é relativa à nacionalidade, à naturalidade e à genética com que nascemos. E analisa se você respeita a autoridade dos superiores com humildade ou se briga por isto, já que há, naturalmente, diferenças de nível entre os seres humanos.

Esta área ainda engloba a herança genética e cultural, a relação com pais, filhos, parentes, influências do passado, liberdade e individualidade dentro da família. A necessidade de pertencer e honrar o grupo familiar reflete uma função simbólica de reconhecimento a quem veio antes de nós.

BERT HELLINGER: Nós somos o último lugar na cadeia familiar. Ocupamos um lugar para o qual tudo converge, toda a plenitude das gerações passadas. Não precisamos fazer nada pelos antepassados, apenas reverenciar esta memória em nós mesmos.

Esta família, na qual fomos gerados, faz parte de nosso destino ancestral. Somos nossos pais e os pais deles e os pais dos pais deles, numa cadeia infinita de influências genéticas dentro de nós. Temos centenas de possibilidades de estar repetindo situações e padrões da vida de algum ancestral pela própria história de genes herdados, mesmo que nossas histórias nunca sejam iguais à história dos antecessores. Estamos aqui para continuar esta história.

A nossa própria vida pode não fluir bem se nos esquecemos ou temos relação difícil com os ancestrais, ou não respeitamos as experiências passadas em nossa família. É bom cultuar este lado da vida, acender uma velinha numa igreja ou fazer uma exposição de fotos da família em algum canto da casa, para que todos da família se reconheçam, neste singelo culto aos antepassados. Agradecendo os dotes recebidos, você pode arrumar um pequeno altar com fotos da família ou com a mandala para esta área.

Cultuar os antepassados continua sendo um dos maiores ensinamentos da filosofia oriental, pois isto só pode nos trazer benefícios. Honrar a memória dos que vieram antes em nossa família nos beneficiará pelo perdão do tempo original genético. Honrar pai e mãe estejam eles perto ou longe, vivos ou mortos.

Minha mãe me ensinou a ser perfeccionista o máximo que eu puder, e meu pai me ensinou a ser prática e ser gentil sempre. O que sua mãe e seu pai deixaram para você?

BERT HELLINGER: Nossos pais nos deram e dão muito mais do que podemos retribuir. Nosso mérito é fazer algo novo com o que recebemos deles.

Os vivos não são superiores aos mortos - todos chegaremos a uma idade avançada, viveremos mais um tempo e também morreremos.

CARLOS DRUMMOND DE ANDRADE: Sempre falo com meu pai. Ele está morto, não importa, sempre falo com ele.

Se você quer melhorar o aspecto emocional na sua família, não permita que a loucura do mundo atual penetre nela, e exclua a televisão e o smartphone da sala de refeições. Para viver bem em família é preciso seguir regras em geral, como seguimos no trânsito. Quem não gosta de regras, não deveria viver em família nem dirigir. Por uma boa educação, resta-nos melhorar a responsabilidade, em ambos os casos.

Uma união familiar duradoura não é um simples caso de amor, é a entrega do ego em benefício da relação por meio da qual várias pessoas se tornam uma só. Esta experiência de ser parte de um grupo familiar, um clã, é a característica mais alquímica que há num encontro de seres. Esta relação não é um mero arranjo social, é um exercício espiritual. Ter uma família em harmonia é um sonho para muitos que vivem sós.

CONSTELAR A FAMÍLIA

KEN WILBER: O bebê ainda tem o DNA da Idade da Pedra mas está sujeito às forças violentas chamadas de amor por seus pais do século XXI, como o foram, antes deles, seus pais e os pais deles, e antes...

Quando éramos crianças, nossos pais pareciam ser a única fonte de nossa sobrevivência. Depois de adultos e sem sua constante proteção, devemos nos ligar a uma fonte interior inesgotável de energia, em união com todos os ancestrais de todo o universo.

MARTIN SELIGMAN: Educar filhos é muito mais que corrigir o que há de errado com eles; é identificar e intensificar suas forças e virtudes.

Embora o ambiente tenha uma força enorme na nossa formação, às vezes vivemos intensamente a memória genética familiar e podemos repetir vidas regressas de nossos ancestrais sem nos darmos conta, sem ter certeza se são vidas passadas ou memórias genéticas que voltam à tona. Podemos tentar evoluir esse DNA e transformar o passado.

Constelações Familiares é o trabalho criado por Bert Hellinger que dita princípios sobre as relações familiares conforme a importância de cada membro da família. Como todos não foram juntados num núcleo ao acaso, as constelações analisam o papel bem definido de cada indivíduo dentro de cada família. A lei básica das constelações é que cada membro da família tem direito de pertencer ao grupo e nunca poderá ser excluído, sob pena de criar distúrbios. As constelações tratam dos padrões de danos e sofrimentos que se repetem nas famílias ao longo de gerações.

BERT HELLINGER: Meu destino é independente de qualquer outra pessoa do meu sistema familiar; nós não temos que carregar o peso da culpa dos irmãos, dos pais, dos avós ou do mundo.

Para os mestres das Constelações honrar pai e mãe é o melhor caminho para a felicidade e o sucesso na vida. Segundo esta terapia sistêmica, devemos honrar a memória de todos os entes queridos que já se foram e deixá-los totalmente em paz em seu estado atual. Embora o luto seja natural e saudável, devemos praticar o desapego da história da pessoa amada.

BERT HELLINGER: Os mortos estão em paz e no bendito esquecimento. Os mortos estão consumados e encerrados em suas atividades, por isso só nos resta agradecer sua experiência na nossa vida, e deixá-los em sua paz. A paz começa quando a lembrança termina. Esquecer é uma forma suprema de amor. Permitir o esquecimento. Todos os mortos têm o direito de serem esquecidos.

Hellinger criou o trabalho sistêmico familiar ao estudar casos de sentimentos pertencentes a outros familiares, que apareciam nos pacientes. Numa transferência inconsciente de destinos, a pessoa estava identificada com outros a ponto de se alienar de si mesma. Doenças graves, acidentes e suicídios são associados aos vínculos com elementos da família ou alguém que cedeu seu lugar em vantagem de outro. Esta necessidade irresistível de compensar a desgraça alheia evita que a pessoa assuma sua própria vida e viva em paz. Logo que as pessoas são reconhecidas, a paz volta a reinar e as pessoas enredadas ficam livres.

BERT HELLINGER: Olhe mentalmente para os membros de sua família e diga a cada um em reverência: eu respeito seu destino. Eu o aceito e você também pode me aceitar pelo que sou.

Observando a vida de nossos criadores saberemos que qualidades deles nós trouxemos para a nossa vida. Qual a linhagem que você herdou de seus pais - aventura, cuidados, coragem, trabalho, união, sabedoria, responsabilidade, o que mais chama a atenção em suas vidas? Sinta a força deles dando-lhe vitalidade ao assumir conscientemente sua vida em meio a tudo, com todas as qualidades herdadas de sua família. Para tanto, evite se preocupar com familiares, e ao invés disto, entregue mentalmente a pessoa a sua própria alma, pois isto é o que lhe dará força. Aceitar o destino, a morte e a doença dos entes queridos é o remédio para quem acha que seu sacrifício vai ajudar a pessoa - é o contrário, a ligação é um peso e a liberação só dará força ao paciente.

Cada membro da família é responsável por si mesmo, pela própria dignidade e pelos próprios direitos. Podemos afirmar: "Seja de quem for que eu esteja assumindo sentimentos de medo, solidão e frustração, eu agora reconheço isto e honro a memória de todas as pessoas que vieram antes na minha linhagem".

BERT HELLINGER: Ninguém precisa ser diferente do que é ou já foi. Os pais não precisam mudar e ninguém deve se desculpar. A solução está na intenção de cada um em se voltar para a própria vida e vivê-la. Há coisas de nossa vida e de nossa família que devemos esquecer.

As crianças podem sofrer com os problemas de relacionamento dos pais e devem ser protegidas disto. As culpas e os méritos dos pais devem ficar apenas entre eles.

OSHO: Um garoto foi a um advogado, aos prantos: Eu quero o divórcio! - disse em soluços - A vida está muito difícil!

- Mas o que é que você está dizendo?! - exclamou o advogado - Você nem tem idade para se casar!

- Quero me divorciar de meus pais!

As boas lembranças da infância são tratamentos para nossa vida. Quando me lembro da alegria de quando meu pai retornava de viagens a trabalho e todos nós nos reuníamos à mesa para escutar suas histórias, sinto sua presença no meu coração.

A Genética nos ajuda a decifrar nossa cadeia em milhões de anos de continuidade do genoma, pelo exame do DNA mitocondrial, que se sabe, é passado pelo óvulo humano a todo ser, desde nosso passado mais remoto.

BRYAN SYKES: Estou num palco. Diante de mim, todas as pessoas que já viveram estão alinhadas, fila por fila, estendendo-se à distância. Tenho na mão uma ponta da linha que me liga à minha mãe ancestral, lá atrás. Puxo a linha e aparecem minha avó e todas as gerações atrás dela. Sinto uma forte ligação com suas vidas, esperanças e desapontamentos. Todas estas são minhas mães, que passaram o mesmo DNA, este mensageiro precioso, uma à outra, através de mil choros, mil abraços de mil bebês.

3 AUTOCONFIANÇA

I CHING: Você nunca terá uma segunda chance de causar uma primeira impressão.

Autoconfiança é ver liberdade em meio à limitação. É seguir com coragem, mesmo se o medo aparece.

Para ter mais autoconfiança você pode compor uma mandala com seu nome dentro de um círculo colorido, decorado com lantejoulas e brilhos. Coloque na parede para se lembrar de como você é importante para o universo, mesmo que você seja uma pessoa com ponto de vista completamente independente como eu, assim meio estranha, meio forasteira.

CARLOS CASTAÑEDA: Um guerreiro deve cultivar o sentimento de que ele tem tudo o que é preciso para a jornada extravagante que é sua vida.

Ser autêntico, expandir a própria identidade e tomar consciência de seus valores, tudo compõe este assunto. E também ter sentimentos para amar e aceitar a si mesmo, bem como agir e dizer o que sente, pois "é melhor ficar vermelho por cinco minutos que ficar amarelo pelo resto da vida".

GURDJIEF: Querer agradar a todos é um desgaste enorme.

É bom acordar e aproveitar o dia para realizar quase tudo o que nos propomos a fazer. Isto cria autoconfiança. Esta é uma área das mais importantes de todas. Tudo na vida depende da autoconfiança e do distanciamento do ego na medida certa.

As sequelas da subjugação da mulher em todos os tempos trazem a constatação de que os homens têm maior autoestima que nós, que devemos sempre dar uma olhadinha nas falhas da autoconfiança. Egocentrismo é o excesso de autoconfiança, e no outro lado da balança está o sentimento de inferioridade das mulheres e dos negros, entre outros.

A ideia da mulher como ser inferior continua sendo o maior empecilho para o desenvolvimento deste gênero, embora todos, homens e mulheres, na maior parte do tempo, pensem somente em si mesmos e sintam diminuir a segurança quando as coisas não dão certo. É que a consciência da luta pelos ideais, que nos leva a percorrer um caminho de experiências e vivências, é apenas relativa a uma só pessoa: nós mesmos!

LUIS ROJAS MARCOS: Há algo mais determinante em nossas vidas do que o modo com que nos sentimos em relação a nós mesmos?

A estrutura natural humana é responsável por sucessos e fracassos, que devem ser vistos como aprendizado. É ela a responsável por um sentimento de inferioridade ou de ser amada por todos. São sintomas da desconexão interna entre adulto e criança que causam o vício em aprovação. Ser protegido demais, financiado demais, tira a autoconfiança necessária para se libertar desta forma de proteção, que na verdade é uma gaiolinha enfeitada.

ERIC BERNE: Pare de pensar como seus pais mandaram e pense por você mesmo!

A inércia emocional, bem como ficar apático e sublimar a emoção ou se isolar, nada disto ajuda a autoconfiança. O esforço por perfeição pode ser o medo de errar e de ser rejeitado. Agir, mesmo que seja difícil - "feito é melhor do que perfeito".

Apesar de parecer excesso de narcisismo, gosto da maior parte de mim, não para regar glórias ao ego, mas para integrá-lo à vida, pois já errei por diversas vezes ao agir apenas pela mente. Hoje posso ver que todo este caminho foi traçado no meu interior e é parte de algo maior.

BRENÉ BROWN: O amor próprio é difícil, visto que a maioria é muito dura consigo mesma. A sociedade é perfeccionista e a autoaceitação não é fácil.

O ego é o mecanismo que gera culpa por não sermos perfeitos e por julgamentos dos outros. Devemos aceitar o ego como parte da essência de nós mesmos, para continuarmos com a autoconfiança. Nem os governos nem ninguém é responsável por nossos dramas.

Sua vida é perfeita porque você está vivendo seu processo, e só isto já fará de você o receptor de uma sabedoria e de um poder maior que o guiará e o ajudará.

Às vezes se confunde falta de amor-próprio com orgulho, como pensar que os outros não nos valorizam. A comunicação clara é o remédio.

Para ser forte, a pessoa deve adquirir tolerância à frustração e perceber a realidade como algo indiferente aos próprios desejos. Ninguém muda o mundo, e o desapego em relação ao mundo é proveitoso. Embora as notícias mundiais sejam mortais, aceitá-las é adquirir força.

Ver a beleza aumenta a autoconfiança e nos defende da acomodação, do medo e da insegurança. Praticar esportes é um caminho certo para ser autoconfiante, pois você ultrapassa seus próprios limites e ainda descarrega de seu corpo o estresse e os excessos eletromagnéticos. A boa aparência também é útil neste caso. Arrume-se para ficar bem, sem afetação ou exageros.

A vida muda e as coisas melhoram - você não está fazendo nada errado e você merece crescer e ter sucesso. No resumo de tudo, autoconfiança é ter fé em si mesmo, no seu corpo e na sua alma para seguir o caminho que é só seu. Tudo o que você vive faz parte de sua existência.

Se você se sente inseguro, pense nos fatores que o levaram a isso. Você pode ter sido criado em uma família superprotetora ou autoritária, o que atrapalha a educação das crianças. Se você teve uma família muito exigente e severa na infância é bom trabalhar esta área.

Se você se interessou por este livro, é porque você não veio aqui para ser uma pessoa qualquer. Eu sou uma pessoa simples, mas não sou uma pessoa qualquer. Você veio até aqui para integrar sua alma ao seu espírito e ao seu ego. Senão você não teria passado por tudo o que passou; você teria vivido uma vida pacata e segura.

ROLLO MAY: O processo de se tornar uma pessoa é ao mesmo tempo a experiência mais simples e a mais profunda de nossa vida.

Como tudo é parte do amor, não espere reconhecimento, neste momento você é o jardineiro de um jardim de amor, e cada vez que você confia em seus resultados, você valoriza seu caminho.

Ser autoconfiante é agir como se você fosse você mesmo.

EDDIE REDMAYNE: Ser você mesmo deveria ser o mais importante dos direitos humanos.

TRANSFORMAR CRENÇAS

MARIE-LOUISE VON FRANZ: O cativeiro continuará até que a pessoa encontre a si mesma. Então nada mais a tolherá – a parte livre interior não poderá mais ser capturada e a impotência desaparecerá. Esta é a pedra filosofal do fortalecimento do núcleo da personalidade.

Crenças podem ser positivas ou negativas, sendo que as negativas nos impedem de progredir e ter sucesso.

Em repetidas vezes você pode ter tentado e não deu certo, então pode vir insegurança e falta de coragem. A fé no caminho ajuda neste caso.

ANTHONY ROBBINS: Absorvemos coisas boas e más do mundo à nossa volta. Mas você não é só uma folha solta ao vento. Você pode mudar as suas crenças.

As crenças podem ser resultantes do ambiente, de acontecimentos marcantes e de resultados passados. Para transformar as crenças negativas em positivas pense em algumas premissas dos especialistas:

- O ambiente pode ser visto de forma construtiva e mais bonita - organize seu ambiente;
- os acontecimentos nefastos do passado podem ser transformados com afirmações e imagens;
- agradecer o que passou;
- estudar sobre o sucesso;
- ver além das aparências - nada é só o que parece;
- imaginar crenças positivas que incluam o futuro.

A crença neutra, nem positiva nem negativa, mas verdadeira, é que a evolução e a mudança são certas.

BASHAR: O amor-próprio é o mais importante para mudar a energia do planeta.

Toda dor vem de tentar ser quem você não é. Seja verdadeiro com sua energia única, que só você pode ser.

ÉTICA

Ética é uma palavra bela, só superada pela ação ética. Nós precisamos de ética na sociedade. E se queremos cobrar ética na política, não podemos seguir buscando privilégios.

Ética é a reflexão sobre a legitimidade do outro. Sem a aceitação do outro não há fenômeno ético ou social. Enquanto respeitarmos apenas quem é mais forte e maior, teremos muito que aprender sobre o valor do menor e sem poder.

HUMBERTO MATURANA, FRANCISCO VARELA: A ligação do humano ao humano é o fundamento de toda ética. Construímos o mundo e ao mesmo tempo somos construídos por ele.

Na perspectiva ética mais abrangente poderemos construir um mundo de união entre os opostos. Uma nova ética espiritual com relação ao parceiro vai além da ligação eufórica do amor.

Hoje quem procura novos valores para se espelhar sabe que não há saída simples nem solução fácil. Mas as pessoas criativas procuram descobrir um espírito diferente da lei formalizada do sistema tradicional, transformando padrões e paradigmas ultrapassados.

JESUS: Foi-lhes dito antigamente, mas eu lhes digo: o novo vinho não pode ser colocado em velhos cântaros - ou o cântaro se rompe ou o vinho se derrama.

Falar muito de si ou demonstrar superioridade afasta as pessoas. E não se deve esperar por elogios, pois nós podemos fazê-los a nós mesmos.

Ninguém nasceu com um eu pronto. Nascemos como sementes. Podemos viver como semente ou tornarmo-nos flor e árvore. Nossa capacidade de mudar a própria mente é a maior ferramenta. Confiar que tudo se resolve é um passo saudável.

O SUCESSO

Estou subindo a montanha do reconhecimento, ultrapassando cada obstáculo, escalando cada rocha e cada tronco do caminho, até chegar à glória merecida.

I CHING: Em seu dia próprio você verá que lhe darão crédito.

Cada pessoa pode fazer uma pequena revolução.

LAIR RIBEIRO: Tudo que existe foi intuído na mente de alguém antes de aparecer no mundo.

A autoconfiança é o que está por trás de todo o sucesso e fama que pode acontecer a uma pessoa, como uma rede de alto alcance para os quatro cantos do mundo. Mas não conte isso a ninguém.

EINSTEIN: Se A é o sucesso na vida, $A = x + y + z$, onde x é o trabalho, y é a diversão e z é ficar de boca fechada.

O sucesso pode demorar ou não, mas tudo o que você fizer é contribuição a seu caminho evolutivo, pois tudo é seu e permanecerá ao seu dispor.

ALAIN DE BOTTON: Nossa sociedade é basicamente firmada sobre o sucesso profissional. O que importa é, sobretudo, o que está em nosso cartão de visitas. Se você optou por passar a vida cuidando de filhos, jardinando ou sendo artista, ficará com certeza contra a corrente dos costumes dominantes e será marginalizado. Com toda esta discriminação, não é à toa que muitos se atirem com tudo na carreira. Focar na vida profissional em detrimento de quase todo o resto é a estratégia mais plausível à maioria, que prima pelo sucesso no trabalho como receita de sobrevivência física e psicológica.

Ao mudar o movimento e realizar algo a partir do coração, você encontrará a magia da vida novamente.

SCOTT THORPE: Muitos são sacrificados ao tentar criar o novo, pois a sociedade não gosta de novidades. Então, como se faz para ter a ideia, ficar com a glória e não ser queimado na fogueira?

Crie um jeito de não ser julgado por uma nova ideia, encontre o caminho para desenvolver a ideia sem cair nas malhas da Inquisição.

JERRY GILLIES: Uma combinação de sonhos, clareza de pensamento e imaginação produzem um vencedor.

A ação é a base para o sucesso. E não agir também é uma escolha. Se tivermos a coragem de ultrapassar o medo, tudo acontecerá com proteção.

Caso você não tenha o propósito de se tornar uma grande pessoa, você pode ser apenas uma boa pessoa e aproveitar práticas criativas que percebem soluções para todos. Mesmo quem parece não ser nada, não ter nada, chega uma hora que floresce e aparece.

MARIE-LOUISE VON FRANZ: A pessoa avançada no processo de si mesmo sabe que o que é certo hoje pode ser errado amanhã, e então ela age de modo distinto em cada situação. Não há mais regras e dogmas, e o tempo adquire uma qualidade criativa a cada momento.

A verdadeira autoconfiança é encarar a vida e se surpreender com o que acontece. O sucesso é certo se você trabalhar alinhado com valores superiores.

SAINT GERMAIN: Um ser humano pode resolver elevar-se acima das limitações humanas, e se dedicar toda sua energia durante toda a vida a esta resolução, terá êxito.

Analise suas prioridades e lembre-se que o mais importante não é chegar ao sucesso, ao dinheiro, mas sim ao que levou você até eles, quais as experiências do percurso. Lembre-se que pequenas vitórias levam a grandes vitórias. O sucesso é feito por pessoas que nunca desistem.

THOMAS EDISON: Fracassos ocorrem para quem não percebe o quanto está próximo do sucesso ao desistir.

Só nos resta agradecer os eventos do acaso que contribuem para o nosso sucesso. E agradecer a ausência de eventos que poderiam nos atrapalhar.

O êxito é composto de escolhas aleatórias mais esforço e preparação, porém, não se sabe quanto de cada fator envolve uma ação. Acaso e sorte fazem parte das transformações.

LEONARD MLODINOW: Alguns terão mais sucesso que outros, e isto independe de fatores como inteligência ou esforço.

Quando conquistar um nível de sucesso, comemore, dê-se um prêmio como recompensa.

COMUNICAÇÃO

D. H. LAWRENCE: Se não crê que o consiga, faça-o; depois saberá.

A comunicação é a maior fonte de sucesso, mas depende de quem comunica e que conteúdo. A prática é a alma do negócio ao se apresentar em público. O pior é o preparo e a ansiedade antes, porque depois tudo passa rápido e flui.

Vale a pena elaborar uma boa lista de assuntos e palavras-chaves em letras grandes numa página, ensaiar o domínio do tema, preparar o ambiente e pensar com otimismo. Na introdução você deve ser claro e atrair a atenção e o interesse com informações novas, despertando a curiosidade com histórias pessoais e lúdicas.

A postura ao andar e ao falar é tão importante quanto o conteúdo que se quer passar. É preciso começar e terminar dentro do prazo estipulado e também mostrar entusiasmo pelo assunto, o que contagia o público. Encare o público, sorria, tenha boa postura, não fique estático. Seja simpático, pois o público sempre espera uma boa apresentação.

JOHNY GALVÃO: Seja tão autêntico em apresentações como quando está se divertindo com amigos ou com a família.

LISTA DE SUCESSOS

Trace metas para se esforçar por elas. Ao fazer o melhor de si já estará tirando a culpa que atrapalha a autoestima. Pratique o otimismo de se lembrar de fatos positivos e conquistas adquiridas. Os aplausos virão.

ANNA PAVLOVA: Seguir um objetivo sem parar é o segredo do sucesso.

Faça uma lista de todos os sucessos que já teve e aprecie a si mesmo enquanto a faz. Anote alguma experiência que poderia ser melhorada se fosse repetida. Acrescente seus momentos memoráveis e seja grato.

Um pouco de notoriedade é válido, pois é bom ser reconhecido pelos méritos em nosso círculo de pessoas, e também em nossa cidade, nosso país e no mundo! Deixe o mundo saber de você.

Que venham todos os palcos do mundo para nós agora! O amor e o sucesso estão em nosso caminho!

SCOTT THORPE: É claro que sua família e seus amigos pensam que você é uma pessoa comum, mas a verdade é que deveriam estar beijando o chão onde você pisa. Porque você é esse: o mais forte, inteligente e humilde, para quem tudo dá certo no final!

4 CRIATIVIDADE

Conhecimento é criatividade, e criatividade produz novos caminhos.

No processo criativo sempre tem algo que cria vida própria e se desenvolve, gerando surpresas e novidades diferentes do pensamento original. Foi assim com este livro.

Na natureza tudo é multicolorido, numa diversidade infinita de formas. Para lembrar esta gama de matizes, criamos ambientes coloridos ou visitamos a própria natureza, que nos fornece insights inspirados.

ELIZABETH GILBERT: A criatividade é a maneira mais eficaz de acessar o encantamento. Sem esta fonte de encantamento sei que estou condenada.

Quem cresceu em família ligada a festas e danças populares em meio à natureza é mais criativo. As histórias mágicas transmitidas às crianças sobre assombrações e fantasmas, que tanto nos assustavam mas faziam-nos ávidos pelo fim nos encheram de encantamento e criatividade.

Criatividade não se liga somente à arte, como sabemos, ela faz parte de qualquer ação inspiradora. A vida é uma novidade criativa a cada instante. Quem cria, cria vida, e esta área também está ligada à sexualidade.

Ter iniciativa no trabalho é uma qualidade criativa natural. A força do poder criativo está latente em cada um para não deixar que o fluxo se interrompa e se estanque. Pense em tudo o que já foi inventado neste mundo; podemos não ser Einstein, mas podemos inventar umas coisinhas para melhorar a nossa vida.

Para aumentar a criatividade precisamos de flexibilidade para criar estratégias diferentes e originais. Pessoas criativas não se sentem ameaçadas pelo sucesso alheio, e concorrência é uma palavra em desuso, pois o mundo está sempre à procura de ideias. Existem técnicas para melhorar a criatividade, como se abrir a atividades diferentes, pois assim serão criadas novas pontes entre os neurônios, que criarão novas conexões. As ações de comer, escrever e escovar os dentes com a mão que não se usa normalmente são algumas destas técnicas.

AMIT GOSWAMI: Criatividade é trazer uma ideia de um local que ainda não existe, um não espaço.

Praticar atividades físicas e fazer coisas vivas como dançar e trabalhos manuais também melhora o funcionamento do cérebro e aumenta a criatividade, assim como estudar línguas. O cérebro pode envelhecer saudável se for sempre estimulado. É raro um cientista com sintomas neuronais, veja a quantos anos Stephen Haupkin sobreviveu, ele que tinha um cérebro brilhante mesmo com os problemas físicos causados por um centro motor cerebral.

Quando você está em trabalho criativo regular, as ideias não param. O cérebro é um grande computador a disparar flashes de pensamentos correlacionados em gatilhos mentais assertivos como flechas.

BRENÉ BROWN: Seu cérebro é o seu gênio!

Não jogue ideias fora, pois tudo pode servir a um tempo.

As possibilidades são imensas, e neste momento criamos nosso futuro, por isso é necessário bons pensamentos. Só não sou mais criativa porque vivo perdendo tempo com outras coisas, como a preocupação com as contas, com o governo, coisas sem criatividade que são o que são, sempre o mesmo. É necessário estar disponível à arte criativa, que é um raro oásis no meio do caos do mundo.

Nada bloqueia tanto a criatividade como quando entramos num estupor ou perdemos o rumo em uma situação difícil. É necessário dar tempo para que isto se transforme e voltemos a relaxar e criar. Se você perder o rumo para criar, sente-se e permaneça imóvel, relaxado; segure as ideias e as embale.

Também as memórias negativas, os condicionamentos, os preconceitos e os comportamentos culturais imutáveis, sem possibilidades de mudança, atrapalham a criatividade. O uso excessivo de tecnologia também pode afetar o processo criativo, embora a tecnologia para pesquisa nos ajude a criar.

Os jogos ativam a criatividade - um exercício criativo é mostrar que um objeto qualquer pode servir de várias formas. Também a tempestade de ideias em grupo, onde cada um escreve ou fala frases ou palavras significativas, faz ideias virem à tona.

Quanto mais tarde se começa uma atividade que exija criatividade, provavelmente a pessoa se dedicará mais e mais a ela até a velhice. A criatividade está baseada em juntar todo o conhecimento e informações para constituir uma nova ideia, e com a idade teremos mais conteúdo de criatividade.

O neurotransmissor serotonina produzido na atividade sexual também é ativado na meditação e também acontece nos processos de arte e criatividade feitos com sentimento de gratificação.

C. G. JUNG: A ideia não cai do céu, mas resulta de um emaranhado objetivo de raízes dentro do qual todos os contemporâneos estão intimamente ligados.

As crianças são as mais criativas, é uma pena a grande diferença de atitude quando crescemos. O artista é aquele que consegue conservar o frescor da infância em qualquer idade. Brinque de ser criança e encontre a espontaneidade disto.

A arte já ajudou muitas pessoas a reencontrar seu equilíbrio psíquico. As oportunidades artísticas abundam. Se você não pode pintar, escrever, bordar, dançar, cantar, não desanime, pois, como toda pessoa, você tem alma e é artista.

ALFRED WHITEHEAD: Criatividade é o princípio da novidade.

Você pode se criar e recriar em novas possibilidades a todo momento.

AMIT GOSWAMI: A criação envolve processos inconscientes e insights. Quando temos um insight "ahá!", momentaneamente damos um pequeno salto quântico.

Vivemos aqui no braço mais isolado da galáxia, será que jogados à própria sorte, ou quem sabe teremos ajuda dos deuses? Simplesmente viver e morrer, não é possível, é preciso criatividade para seguir.

EVOLUÇÃO E CRIATIVIDADE

HUMBERTO MATURANA, FRANCISCO VARELA: A sobrevivência não é do mais apto como dizia Darwin, mas do apto.

Foi pela capacidade de reprodução e conservação da identidade que nós surgimos, e esta lei nos conecta a todos os seres vivos. Na interação e evolução de todos, construímos o mundo e o mundo nos constrói. O cérebro é o computador que programa nossa atuação para que nos adaptemos à realidade.

Criatividade significa viver de maneira holística, total, pois há muito mais criatividade do que podemos perceber. Pessoas otimistas podem ser mais criativas, embora somente os pessimistas encontrem possibilidades que poderiam atrapalhar a criação. Ser holístico é ser otimista e pessimista e ver todas as possibilidades.

Nós viemos da fonte celeste e iremos voltar para a fonte, mas por enquanto estamos no processo evolutivo da matéria e da alma rumo ao espírito.

HUMBERTO MATURANA, FRANCISCO VARELA: Evolução e criação se parecem mais com um escultor que passeia pelo mundo e recolhe um barbante aqui, um pedaço de lata ali, um fragmento de madeira acolá, e os junta da maneira que sua estrutura e circunstância permitem.

INSPIRAÇÃO

A criatividade desperta coisas escondidas em nós. Meditar ajuda a criatividade. A arte é onde o humano faz sua maior experiência de liberdade.

TERENCE MC KENNA: A ideia revolucionária que inspira o gênio chega-lhe do oceano de conexões infinitas em que todos estamos imersos.

Foi comprovado um aumento de fluxo de sangue no cérebro durante o processo criativo. Insights do tipo "eureca!" causam um ritmo intenso que abrange todas as faixas cerebrais. Segundo especialistas, nunca o trabalho mental concentrado será excessivo, pois se ele for interessante à pessoa, causa o relaxamento do cérebro, tal qual em práticas meditativas. Acho que é porque o ego sofredor não está ativo nesta situação, pois ele é quem nos diminui a energia.

O ser humano é um ser de imensa força criadora, misteriosa, transcendente, ligada à energia cósmica e cheia de propósito. O inconsciente me desperta de madrugada para escrever alguns dos pensamentos incluídos aqui. E antes de sair da cama, às vezes já tenho uma ideia pronta.

ELIZABETH GILBERT: As ideias são entes vivos em busca do colaborador humano mais disponível, e sempre tentarão encontrar o canal mais rápido e eficiente para atingir.

Criar envolve vencer etapas, cada etapa alcançada é preparação para a seguinte, e o tempo não é um obstáculo, pois funciona como um meio para revelar o potencial escondido.

Para criar algo é necessária uma questão a resolver. A criação é a solução do problema.

C. G. JUNG: O momento criador, cujas raízes mergulham na imensidão do inconsciente, permanecerá para sempre fechado ao conhecimento humano.

Inspiração é inovação. Se alguém disser "nossa! como não vi isso antes?" é sinal que estamos quebrando padrões.

CLARISSA PINKOLA ESTÉS: Inspirações são conhecimentos que nos chegam inesperadamente de origens invisíveis.

Não se sabe como acontece nem é preciso saber, pois vida é criação e a inspiração nunca para. Dizem que tudo já se encontra criado, mas nada foi feito com a nossa marca ainda.

ELIZABETH GILBERT: A maioria das coisas já foi realizada - mas ainda não foram realizadas por você.

Tudo o que existe passa pelos processos naturais de criação, manutenção e destruição, e também o desapego, já que ao destruir entregamos todo o esforço dispendido. Criar exige disciplina, não é simplesmente esperar que chegue a inspiração, pois é necessário criar, destruir, instituir, mudar, limpar, transformar, até que se chegue à obra. E então repetir o processo e criar, destruir, transformar... Qualquer movimento é sempre melhor que a inércia, porque a inspiração será atraída diretamente para o movimento. É o que acontece na dança livre, um movimento meditativo de criação.

A crise planetária demanda somente uma coisa: trabalhar pelo sonho individual e deixar as coisas que não se pode resolver para os protetores cósmicos. É isto apenas o que se espera de nós - crer e agir.

ERICA JONG: Pegue sua caneta ou seu pincel e se remova logo do seu próprio canto.

A inspiração abrange o nosso ser físico, mental, emocional e espiritual. Para compor uma tarefa criativa, prepare seu coração memorizando situações de alegria. Então aguarde a inspiração em silêncio. A tela em branco, o papel vazio, tudo pronto para começar, onde está a ideia?

ELIZABETH GILBERT: Ideias de todos os tipos estão sempre galopando em nossa direção, sempre tentando chamar nossa atenção. Mostre a elas que você está disponível.

Esteja aberto à inspiração e ela virá. Para um artista e para todos os que criam diariamente um jeito de melhorar a vida, tudo serve como inspiração, basta estar atento. Se você sente necessidade de inspiração, saiba que todos podem ser treinados a mudar os condicionamentos que a bloqueiam.

Podemos ter inspiração meditando em silêncio por uns minutos; ou em estado de relaxamento, ou recordando sonhos, exercícios que ajudam a criação. A inspiração espontânea pode surgir a qualquer momento, e o insight gera a ideia que será desenvolvida e polida.

As ideias estão disponíveis para todos e ninguém pode dizer que criou algo em primeiro lugar, todas as ideias existem para quem se dispõe a captá-las, pois elas não têm dono.

ELIZABETH GILBERT: Pessoas que pensam ter suas ideias roubadas são leais à noção de escassez e de que o mundo é um lugar de carência, do que devem libertar-se para evitar ressentimento, culpa e inveja.

O processo de criação artística tem sido uma forma de autoexpressão desde milênios. A experiência criativa amplia a capacidade cognitiva estrutural do cérebro. Liberte seu potencial criativo e crie arte e beleza, você vai se apaixonar e não vai querer parar jamais.

A inspiração nem sempre é notável, e se ela falha eu nem tento forçá-la, vou fazer outra coisa e mudar o movimento. Não se pode forçar nada em termos de criação. Os bloqueios com a criação podem estar ligados a estresse ou a excesso de perfeccionismo.

LEONARDO DA VINCI: Seja universal, goste igualmente de todas as coisas. Jamais despreze a diversidade infinita das coisas e de suas formas.

Há um desejo mítico de ser original, que é um sinal de que a arte sempre inova de alguma forma.

SCOTT THORPE: Einstein adorava experimentos de pensamento. Um experimento de pensamento permite que você ponha uma ideia à prova sem gastar nada nem passar nenhuma espécie de vexame. O experimento acontecerá na sua cabeça – você não cairá, não perderá dinheiro, nem parecerá um idiota aos olhos dos outros, e ainda assim, conseguirá aprender muitas coisas sobre como criar soluções.

Ao terminar uma tarefa criativa recebemos um prêmio: estamos transformados.

ELIZABETH GILBERT: Talvez a maior benção da criatividade seja absorver nossa atenção por um período curto e mágico, que consegue nos aliviar do terrível fardo de sermos quem somos. Ao fim da aventura criativa você terá algo que fez, um suvenir para lembrá-lo de seu encontro breve, porém transformador com a inspiração.

CRIAR O SONHO

LUIZ PAULO DA MOITA LOPES: Não somos nada sem utopia, uma vez que é o sonho que nos dá alternativas.

Nada é impossível, há muitas histórias de pessoas que estavam com a vida parada e morta, e de repente tudo viveu e renasceu.

ASHTAR SHERAN: Criem o seu sonho, o maior sonho que quiserem para o crescimento de seu Ser.

Sonhar, imaginar e criar é fácil. Executar a criação pode ser mais difícil que criar, mas... Deve ser feito.

STEVE JOBS: Cada sonho desprezado é um pedaço do futuro que deixa de existir.

Conforme os princípios da Astrologia, as pessoas mais bem preparadas para ter ajuda de Saturno são as que se superam a si mesmas em novos empreendimentos, novos sonhos e novas metas com disciplina.

Vimos que as metas fazem parte do sonho e são ações para realizá-lo. As perguntas objetivas também levam à descoberta de ações. Ideias borbulhantes surgem em nossa cabeça constantemente, mas somente as percebemos se nosso piloto automático não as anula de imediato. Todos estes detalhes acabam numa ação num belo dia.

MEL ROBBINS: Nossa zona de conforto e nosso freio automático nos impedem de seguirmos nossas ideias geniais para mudar e resolver problemas. Não deixe que passem os cinco segundos de impulso para agir e aja!

O sonho e os desejos existem para suprir nossa necessidade de evolução. O eterno conflito entre desejo e necessidade é a parte importante da evolução. O desejo é o que está por trás de toda ação e mobiliza a psique como um todo. O sonho é o refúgio para escapar à frustração da realidade limitadora, pois com ele rejeitamos a morte e podemos construir um mundo.

EDGAR ALLAN POE: Os que sonham de dia são conscientes de muitas coisas que escapam aos que sonham somente à noite.

Escrever afirmações de gratidão é uma boa técnica para criar, pois enquanto as escrevemos surgem ideias de ação. Também tem quem crie grandes ideias fazendo coisas mecanicamente, como estudar, trabalhar, caminhar, comer, dançar ou no banho. Provavelmente isto se deve ao estado de fluxo e não mente ligado ao inconsciente em ações comuns. O comum também é belo.

O potencial para a mudança não está longe - o impossível é apenas um outro nome para o que não é visto. As possibilidades poderiam saltar a seus olhos se você expandisse a si mesmo para além dos pensamentos.

JASMUHEEN: O desejo é o calor que cria. Se plantarmos as sementes-pensamentos e eliminarmos as ervas-daninhas dúvida e medo, elas germinarão.

Você não cabe nesta caixinha que os outros o querem; você faz parte do mundo, siga sua criatividade.

E se você for capaz de imaginar Einstein viajando na ponta de um raio de luz para sentir a velocidade máxima, você tem a capacidade para a coisa mais fantástica da mente humana, a imaginação. Siga o arco-íris para encontrar o pote de ouro.

KEN WILBER: Quando você se cansou de seu deus exterior e se voltou para a sua imaginação interior, seu sonho de se preencher do amor que tudo permeia começou. Então você se lembra agora de quem você realmente é: um raio de luz dentro da roda do amor que move o sol e todas as outras estrelas.

O MAPA DO TESOURO

A ferramenta mais especial da Área da Criatividade é o Mapa do Tesouro, a imagem de vários objetos de desejo, pregado num painel na parede onde seja visto sempre. É o desenho do sonho e metas realizáveis que o instiga a criar ações em momentos inspirados pela imagem.

5 TRABALHO

Qual a relação entre o que eu amo fazer, se posso ser pago por isso, e o que o mundo precisa? Se você encontrar a resposta, você é uma pessoa de sucesso e engajada na sustentabilidade do planeta.

INÊS DE CASTRO: O que é trabalho? Trabalho sempre tem que ser em troca de dinheiro?

Em casa ou fora de casa, trabalhar é básico. Ninguém pode viver sem trabalho, remunerado ou não, basta ver o mal e a apatia que causa a falta do que fazer. O trabalho faz parte da vida, todos têm que se esforçar por algo desde que nascem, e o grande mal do mundo é a dependência mantida por governos assistencialistas para dominar o povo.

ROLLO MAY: Quem optou pela responsabilidade da própria vida como um valor escolhido, assume um novo significado para viver.

Não são todos que trabalham pelo salário. O trabalho voluntário não remunerado resulta na gratificação, mais que tudo. É semelhante ao trabalho feito como meditação, que está mais ligado ao fluir no presente.

Quem consegue unir seu trabalho ideal com um trabalho de sustento está quase completo em sua missão, pois une gratificação e meditação na prática. Ao servir a si mesmo, à sua vontade e aos seus ideais, você chegará à mais pura liberdade. Sentir-se à vontade consigo mesmo no trabalho é sinal de boa escolha profissional.

Segundo Martin Seligman, o trabalho pode ser:
* Uma tarefa que requer um pagamento;
* uma carreira ligada ao próprio desenvolvimento;
* uma vocação com compromisso e realização.

Nosso trabalho é bom na medida em que é bom para todos os que nos cercam. Hoje vemos os negócios dominando a política e também muitos executivos trabalhando demais, com pouca satisfação.

O trabalho na forma piramidal e autoritária, na qual um chefe domina vários subordinados, não pode mais sobreviver. O sistema em rede se abre para mais possibilidades de trabalho, onde cada indivíduo é importante para o grupo. Hoje tudo acontece em rede, veja a rede digital global.

Os tempos mudaram e já não é válido ter vantagens sobre o próximo para enriquecer. Agora é necessário superar os erros da exploração da sociedade patriarcal sem escrúpulos através de negócios sustentáveis que valorizem a pessoa. Também a proposta de competividade individual foi acrescida da necessidade de se trabalhar em equipe.

Se você sente que quer um novo trabalho e pretende se comprometer num caminho de maior crescimento, é hora de examinar quais possibilidades se relacionam com sua busca. Decida o que quer e não dê a vez a atitudes sabotadoras, como adiar resoluções e repetir padrões nocivos. Produzir algo para consumo e trabalhar pelo interesse de todos é uma fórmula de sucesso. Quando você dá um passo importante, grandes ideias aparecem, e então outros passos se mostram.

Qual a proposta de valor para você acordar cedo com vontade de trabalhar? No sistema japonês Ikigai três questões baseiam o fato de você acordar motivado por seu propósito.

IKIGAI: O que você ama fazer? Você pode ser pago para fazer o que você ama? O que você ama fazer é bom para o mundo?

Esta área espelha a dificuldade em encontrar uma carreira na vida. Ajuda a descobrir uma missão, o que viemos fazer aqui na Terra. Também é relacionada a como acatamos as oportunidades, como aproveitamos o tempo no trabalho, se com produtividade, sem estresse. Também trata de se ver como líder responsável pelos auxiliares, e ajuda no relacionamento com os chefes e as demais autoridades.

Como no livro *O Monge e o Executivo*, é necessário servir para ser um bom líder, com consciência das necessidades de todas as pessoas envolvidas, para daí satisfazê-las. Esta é a diferença entre o poder que coíbe e o líder, que promove a vontade de que as pessoas o sigam, pois concordam e se inspiram com seu pensamento.

JAMES HUNTER: A autoridade de um líder hábil faz com que as pessoas trabalhem de boa vontade.

Na relação com o colega de trabalho considere que ele pode ter razão. Gritar com alguém bloqueia qualquer tipo de relação. O que faz a diferença em qualquer empresa é ser humano. Por trás de cada projeto importante existe uma razão de alma que ninguém conseguiria impedir o seu trabalho. Este é o legado que importa. O engajamento, a gratidão e a humildade, juntamente com o reconhecimento, têm igualmente um efeito contagiante nos relacionamentos dentro das empresas.

ROBERTO SHINYASHIKI: Evite ficar em conexão na rede, que a todo momento o tira da concentração.

A rotina é o grande obstáculo na qualidade do trabalho. Transcender a rotina e reinventá-la é a tarefa.

Atividade é a palavra-chave para muita gente. Manter-se em movimento não precisa necessariamente ser físico, mas mover-se pela vida. Se você não se sente assim, procure fazer algo de sua preferência nos intervalos do trabalho. Encontre a missão que lhe traga paz.

Gerencie as incertezas do trabalho, estude, prepare-se, tudo vai dar certo.

Quando sentimos o valor de nosso trabalho para outras pessoas, reconhecemos nosso próprio valor. Realização profissional, ter um ideal, atingir algum sucesso com criatividade e ser reconhecido são os objetivos de se ativar esta área ligada ao elemento água para os chineses. Sinta a vida como um grande rio e observe se você flui por ele facilmente, ou fica enroscado na margem vendo o rio passar? Como a água do trabalho flui na sua vida?

- Na forma de um fio de água, pouco movimento;
- como uma fonte, que gosta de rotina;
- como um córrego que ultrapassa obstáculos;
- como um rio, que flui forte e faz amigos;
- como o oceano, numa rede de conexões.

Na natação é necessário técnica e resistência. E no rio da vida quais as qualidades necessárias? Nunca ir contra a corrente e nunca querer nadar mais rápido que o rio.

Melhor não se pressionar com prazos, melhor trabalhar sempre, seguindo planejamentos diários para não se estressar. O passo a passo pode ser a medida certa nestes casos. A organização elimina perdas e desperdícios de tempo. Faça listas de tarefas. Atue como se a empresa fosse sua.

Dono de empresa não destrói, não estraga, zela por tudo e organiza tudo de forma que funcione bem.

Aproveite os intervalos de trabalho e invista em conhecimento, estude e preze o trabalho ideal, que consiste em ser estimulado pelo sentimento e ainda poder ganhar dinheiro com isso. Seja proativo e não reativo, veja intuitivamente como atender o cliente.

Às vezes o aprendizado no trabalho já terminou, mas a pessoa ainda precisa desta sustentação. Então resta se empenhar da melhor forma e desenvolver o que já existe com criatividade.

O descanso do trabalho é o estado natural de liberdade humana. Tire folga do trabalho quando puder para praticar atividades de lazer que recarregue forças. O ideal de qualidade de vida atual é o de ter tempo livre e lazer em equivalência ao tempo de trabalho.

CAMILLE PAGLIA: O sistema atual corporativo não existiu sempre, e nós estamos tentando nos ajustar psicologicamente a isto. É preciso anular a ligação com o trabalho como aspecto essencial de nossa vida. Nosso emprego não pode ser nossa identidade definitiva. Temos que sair e ver as coisas belas da natureza também!

INOVAÇÃO

Para criar soluções em projetos de Arquitetura ficamos com o problema na cabeça e retornamos a ele em vários momentos do dia, até que surja uma boa solução.

Todos podem começar uma atividade em uma área nunca antes experimentada. Novos talentos surgem em nossas vidas para que vivamos novas experiências. Inovar é o primeiro verbo na área empresarial e trata de novas soluções para velhos e novos problemas. Para inovar é preciso transgredir regras.

O pensamento inovador é tão necessário quanto o alimento diário, por isso sempre admiramos quem tem ideias ousadas e audaciosas. Se transgredirmos velhas regras da nossa velha educação poderemos inovar.

Einstein foi um super rebelde que brigou muito por suas ideias diferentes. Ele foi contra as regras existentes e afirmava que é loucura fazer a mesma coisa sempre e querer esperar resultados diferentes. É preciso transgredir, dizia ele.

SCOTT THORPE: Para nós, transgredir regras torna-se tão difícil quanto violar a lei da gravidade.

Para inovar devemos pensar certo no problema certo e levar o problema para passear fora da rotina, para poder pensar fora das regras e deixar crescer a solução.

LAIR RIBEIRO: Use seu cérebro para criar soluções durante o sono. Ao apagar a luz durma com a pergunta: qual a solução para meu caso? O cérebro trabalha à noite para resolver.

A solução do problema é mudar a atitude quando as soluções normais não funcionam.

SCOTT THORPE: Veja seu problema com humor. Faça uma piada com ele, veja-o como uma criança vê.

Da mesma forma que conectamos imagens, palavras ou números para nos lembrarmos de algo a ser memorizado, podemos criar imagens simbólicas e historinhas para ideais que queremos desenvolver. Desenhar, recortar revistas, fazer colagens e escrever sobre o tema são formas de desenvolver um plano.

A técnica do brainstorming também é muito utilizada na inovação e pode ser feita a qualquer momento jogando pensamentos numa folha de papel.

SCOTT THORPE: Folhas de papel em branco funcionam como ímãs para novas ideias.

Nossos pensamentos são moldados por regras antigas como nossas ferrovias, que utilizam a mesma bitola que usavam os carros romanos puxados por cavalos.

SCOTT THORPE: O trabalho é ultrapassar nossos sulcos mentais profundos, cavados desde os ancestrais.

Nos atuais conceitos sobre inovação copiar ideias e produtos é incentivado, mas a cópia deve ser um aperfeiçoamento do produto existente. Crie uma nova ideia ou aperfeiçoe o que já existe.

PROBLEMA CERTO, SOLUÇÃO CERTA

BRYAN SYKES: Existem momentos em que uma ideia surge dos recessos da mente e você descobre num milissegundo qual é a resposta ao seu problema.

Imagine que você é o maior super-herói, pronto para salvar o planeta de catástrofes, que pode tudo e realiza tudo.

O primeiro passo é não assumir responsabilidades alheias; não queira resolver problemas dos outros. Deixe para o chefe ou pessoas adequadas resolverem aquilo que não compete a você.

Certos problemas são estimulantes a que criemos soluções. Examine os problemas e defina a versão mais simples deles. Solte um suspiro que venha de suas profundezas antes de escrever sobre o que deve ser resolvido. Isto ajuda a registrar pensamentos, quando há algo que lhes dá vida e novas ideias surgem. Ponha no papel tudo o que lhe passa pela cabeça, como forma de dar atenção ao caso pela mente. Crie símbolos relativos à solução do caso. Mesmo as más ideias devem ser levadas em conta. No meio de ideias loucas está uma solução para seus problemas que compensará tudo o que já foi feito antes.

SCOTT THORPE: Todas as suas ideias doidas são matéria-prima para a solução que você quer. A boa ideia que gera a solução às vezes pode parecer a ideia mais ridícula de todas. Einstein só descobriu a Relatividade porque imaginou loucamente como seria viajar num raio de luz.

Crie o maior número de ideias – uma delas será brilhante e fará com que todas as outras valham a pena. Errar, a gente erra; não fazer nada evita o erro, mas acaba sendo o maior erro.

SCOTT THORPE: Nem se você estiver totalmente errado será ruim para sua experiência. É possível inclusive que tenha que admitir que enveredou por um beco sem saída e tenha que começar tudo de novo para chegar à solução final.

Veja os meios indiretos para ter ideias e soluções alternativas, até antigos pontos de vista já esquecidos. E se você tem um problema a resolver saiba que uma das opções é não fazer nada e dar por resolvido o caso. Nem tudo é para ser resolvido, certas coisas existem apenas para serem deixadas ao léu...

VOCAÇÃO E PROPÓSITO

Quem prefere trabalhar sozinho e quem se dá bem em equipe - a vocação indica o melhor que há em cada um.

ARISTÓTELES: A vocação nasce quando suas potencialidades se cruzam com as necessidades do mundo. Buscar um propósito é um trabalho de crescimento. Vale a pena escutar a intuição e o coração. Você já tem capacidade cognitiva para qualquer tipo de aprendizado. Neste campo as perguntas devem ser objetivas: Até onde posso chegar? Como poderia ser mais útil?

Todos podem acordar um dia com uma ideia na cabeça capaz de mudar a própria vida. Ás vezes um hobby se transforma num trabalho diário que contribui para o crescimento de todos.

Quanto mais você se dedicar a uma vocação que lhe garanta um lugar sob as luzes da Terra, mais estará preenchendo sua percepção de que possui um destino sem igual. Descubra a tarefa que dê alegria a sua alma.

A missão é construída pela própria vida, quando alguém vive em contato consigo mesmo. Cada experiência, o que deu certo e o que não deu certo, por menor que seja, encerra o potencial de um importante aprendizado. Os mais talentosos são aqueles que conseguem transformar os menores eventos em grandes situações.

Muitas vezes lutamos até descobrir nosso melhor talento, e muitas vezes é importante mudar de carreira para sermos mais felizes.

SCOTT THORPE: O próprio Einstein mudou de carreira - deixou de ser o grande físico e tornou-se ativista pela paz, com muita propriedade.

Entre os muitos ensinamentos de meu pai encontro na memória o que ele dizia sobre o tempo, enquanto tecia tarrafas, sua ocupação de aposentado: "o tempo passa de qualquer forma, seja o que for que façamos, então é melhor aproveitá-lo produtivamente".

Estamos aqui e seguimos as experiências dos ancestrais.

TALENTOS E HABILIDADES

"Lembre-se de quem você é." Sua missão é a escolha que lhe trará o maior crescimento.

DANTE ALIGHIERI: A natureza humana fracassa como uma planta em solo inapropriado quando fazem com que se torne religioso aquele que nasceu para guerreiro, ou fazem rei a quem teria sido um sacerdote exímio.

Quantas coisas a gente tem que enfrentar, quantos dragões a matar até saber o que realmente se quer?

MARTIN SELIGMAN: O exercício da vontade é o mais importante meio de melhorar nossas vidas e construir forças e virtudes. Os melhores terapeutas não curam simplesmente os sintomas, eles ajudam a construir forças e virtudes.

Você pode praticar sua busca nesta Área do Trabalho, fazendo uma lista de talentos e potenciais - encontre seus talentos e procure um caminho de atuação entre eles. Faça isto e pense em como agir, pois as coisas acontecem com a ação, embora comecem no pensamento. Pense em quais ações identificam suas competências: ensinar, pesquisar, ajudar, liderar, cooperar, criar, reformar, restaurar, conduzir, auxiliar, organizar, escrever, pintar, analisar, unir, produzir, adaptar, executar, aperfeiçoar...

Estude. Você poderá descobrir novas habilidades e criará uma nova estrutura no cérebro, o que possibilita maior adaptação às situações. Torne-se uma pessoa de múltiplos talentos, saia da especialização. Especifique seus talentos com detalhes: por que seus amigos o apreciam? Em quais tipos de ações você é importante?

ELIZABETH GILBERT: Você tem tesouros escondidos dentro de si - tesouros extraordinários.

TIPOS DE PERSONALIDADE DE HOLLAND

O psicólogo americano J. L. Holland criou um quadro de seis personalidades na década de 1950 para identificar e indicar pessoas para determinados tipos de trabalho em empresas. Verifique aqui suas identificações principais:

CONVENCIONAL: Organizado, persistente, prático, extrovertido, segue perfeitamente as regras e normas, mas pode se tornar sem imaginação, sendo preciso praticar a criatividade.

SOCIAL: Cordiais, extrovertidos, generosos, pacientes, colaboradores, voluntários, têm empatia, são diplomáticos e responsáveis. É o caminho do cuidado com os outros, mas devem evitar o cuidado excessivo que mutila e aprisiona o objeto amado.

INVESTIGATIVO: Apaixonados pelas ideias e por esmiuçá-las. Intelectual. Analíticos, introvertidos, curiosos e precisos, podem se tornar os maiores críticos. Trabalham pelo conhecimento, na pesquisa filosófica profunda até chegar à união com Deus.

ARTÍSTICO: Independente, introspectivo, introvertido. Não conformistas, profundos e originais, intuitivos e sensíveis, polêmicos e que gostam de chocar a opinião. Também é o caminho da transformação pessoal, do sexo sagrado e da procura do Santo Graal.

REALISTA: Terra, terra, não desperdiça palavras, obstinados, introvertidos, práticos, racionais e se acham importantes. Frios, com forte opinião sobre as coisas. Seu caminho de desenvolvimento pessoal é ser o herói em defesas fraternais de luta pelas causas humanitárias.

EMPREENDEDOR: Extrovertidos, forte autoconfiança, aventureiros e ambiciosos. Otimistas e vitais, podem chegar a exibicionismos. Podem se realizar como líderes em serviço aos outros e a si mesmo, como um sacerdócio em entrega ao divino.

Nós todos somos uma mistura de três ou mais destes tipos de personalidades, como também acontece nas identificações de Assagioli a seguir.

TIPOS DE CONSCIÊNCIA DE ASSAGIOLI

Os tipos de consciência segundo o terapeuta italiano Roberto Assagioli são sete. Trata-se de reconhecer as potencialidades positivas ainda não desenvolvidas para cada um, com ações relacionadas a solucionar desafios:

VOLITIVO: Coragem, competição, domínio - liderar, julgar, combater - reprime a emoção - precisa aprender a compaixão e o amor para transformar a vontade pessoal em favor dos outros.

AMOROSO: Bondade, receptividade, cuida do grupo e gera conforto - capta os sentimentos e se identifica, é bom em relacionamento e união, ensina e protege - precisa desapegar e eliminar a possessividade - amar com liberdade.

PRÁTICO: Investigador - atividade inteligente e próspera, habilidades manuais e utilitárias, perspicácia, desejo ativo - manifestar, produzir, adaptar, inventar - cultivar arte e amor para vencer suas limitações de especialista.

CRIATIVO: Harmonia, beleza, paz, união, senso de cor, bom gosto, ser diferente – criar, inspirar, aperfeiçoar - intuição, o que realmente importa - emocional forte - treinar equilíbrio entre emoções opostas - ver a arte como ciência.

CIENTÍFICO: Imparcial, conhecimento concreto, objetivo, filósofo - ensino - controlar seu desejo de conhecimento, conhecer também a si mesmo - importar-se com a arte e o misticismo.

DEVOTO: Idealista, amor místico - veneração e ódio na mesma intensidade - tornar-se mais impessoal e respeitar a diversidade - usar suas forças para o bom propósito - ciência e ordem podem ajudar.

ORGANIZADOR: Ação e disciplina nos grupos, atenção aos detalhes, persistência - pode ser excessivamente meticuloso - rotina, cerimonial - dirigir seu trabalho ao serviço altruísta pelo bem de todos.

TRABALHAR EM FLUXO

Todo trabalho pode ser visto como prática de meditação, em que o esforço ao trabalhar é o obstáculo; o trabalho deve acontecer simplesmente. Este fluxo é um estado "mais valorizado do que chocolate após o sexo", dizem os pesquisadores. É o estado de total imersão em uma tarefa desafiadora e próxima às habilidades da pessoa. Em fluxo eu não faço nada, não atraio nada e desisto de dar força ao ego.

O trabalho feito com prazer e atenção é o exercício mais propício para entrar em fluxo e transcender o tempo. O húngaro Mihalyi Csikszentmihalyi chamou este estado de gratificação de "fluxo", porque é um movimento que acontece sem ser sentido, como praticar esporte, dançar, conversar ou praticar qualquer atividade que absorva e abstraia, como a pintura, a escrita, o estudo com significado e o artesanato.

Estar em fluxo é experimentar a gratificante sensação além do simples prazer, que é o que está na não ação ao fluir. Neste estado não pensamos, nem nos lembramos de problemas, apenas atuamos na atividade escolhida. Bordar, desenhar, pintar, confeccionar objetos e pintura de paredes induzem-nos mais facilmente ao fluxo que as atividades mentais, mas também estar aqui escrevendo e revisando o texto proporciona o fluxo.

MIHALY CSIKSZENTMIHALYI: O segredo do fluxo é haver um desafio evidente que tome toda a sua atenção e que forneça retorno imediato sobre como está se saindo, como o chute que resulta no gol, a pincelada no lugar certo e a frase bem escrita.

No estado de fluxo não há consciência do tempo, não há controle e as incertezas são vistas como naturais. É apenas ser no momento, também parecido ao Wu Wei taoista.

Trabalhar em fluxo é desapegar das expectativas e se abrir para a surpresa do agora. O que vai acontecer no momento seguinte é a maior incógnita.

RESPONSABILIDADE E PERFECCIONISMO

MACHADO DE ASSIS: Mesmo o sol, em sua imensa beleza disse: Por que eu não nasci um simples vagalume?

Estou aqui, lendo e relendo e limpando este livro até que meus limites perfeccionistas se deem por vencidos e eu possa terminar o trabalho.

Por que discorremos aqui sobre a perfeição, já que parece boa a todos? Nem sempre. O aspecto positivo do perfeccionismo é o de fazer bem feito, e o aspecto negativo é o medo de ser considerado incapaz.

Perfeição não existe, ninguém é perfeito o tempo todo, somente a produtividade no trabalho é responsabilidade. A má vontade na empresa é igual à pessoa que deixa o trabalho para outro fazer. É como o trabalho que não se completa por si mesmo, o de lavar o próprio prato ou pôr cueca e calcinha no cesto de roupa suja - outra pessoa sempre assume o que o outro deixou de fazer. A educação é o caminho para melhorar este distúrbio que causa tamanho custo emocional.

ADRIANO SILVA: Sua obra é o que mais importa de seu trabalho. O que você está fazendo para deixar para o futuro?

IMAGEM OU PROVOCAÇÃO?

O que vestimos serve para a contemplação do público. O importante é levar beleza ao ambiente de trabalho, mesmo que seja em roupas mais sóbrias.

Um corpo nu tem a simplicidade do vazio, sendo belo por sua própria natureza, mas roupas podem torná-lo mais belo ainda, além de sugerirem a personalidade do indivíduo. Vestir-se adequadamente para cada ocasião é uma virtude, mais específica em ambientes de trabalho.

De acordo com pesquisas, a mulher que deixa muitas partes do corpo à mostra ou usa roupas justas e reveladoras é classificada como parceira casual e não apta para relações duradouras. E as mulheres devem estar atentas ao perigo de haver pessoas com segundas intenções no ambiente. Muitas vítimas de estupro e assédio poderiam ter prevenido o mal.

O cuidado com a limpeza deve ser básico e sem exageros. Os perfumes com odor excessivo atrapalham o raciocínio e o funcionamento da glândula Pineal.

O lado bom é a provocação positiva, quando você dá um toque em seu visual com intenção de mudar a consciência meramente comum. Use sua criatividade para despertar o interesse pela beleza.

CORRA RISCOS

MARLOS AUGUSTO MELEC: Depois da curva, à noite, com neblina, sem visão, você ainda pode dar de cara com uma vaca, então é bom desviar para um novo caminho.

A inovação no trabalho passa por momentos de ousadia em fazer mais que o normal.

SCOTT THORPE: Seja audacioso em criar coisas novas. Mesmo que não resulte perfeito, ninguém vai morrer, nenhum prédio vai cair, nenhuma empresa vai falir.

Na Física Moderna, a matéria não muda de forma continuamente ou progressivamente, e, sim, dá saltos, os *quanta* ou fótons de energia. Isto prova que precisamos do risco e do colapso dos saltos quânticos para transformarmos situações.

Nunca perca o impulso, mesmo com riscos.

WILLIAM JAMES: Sim, sim! Dizem os impulsos; não, não! Dizem os condicionamentos.

O impulso é a parte instintiva necessária à beleza da liberdade.

MEL ROBBINS: Quando ouvir uma música tocante, não deixe que seu freio automático o impeça de se levantar e dançar. Levante-se e dance!

6 PROSPERIDADE

A falta de dinheiro só gera infelicidade. Dinheiro traz felicidade. A Área da Prosperidade é vista aqui no sentido holístico, um conceito ligado à evolução dos seres em todos os sentidos. A riqueza pertence ao universo, não a nós. Nós é que pertencemos a ela e importa muito ficar ou não ficar na sua proximidade.

GERTRUDE STEIN: Quem disse que o dinheiro não compra felicidade não sabia aonde ir às compras.

Transcenda a escassez. Sintonize a abundância.

Ser próspero é ter confiança, sorte, aceitar ajuda, dar ajuda, sentir-se com poder e dinheiro, e criar oportunidades prósperas para si mesmo e para os outros.

Se não houvesse forças poderosas guardando o dinheiro e o controle da energia no mundo, teríamos toda prosperidade possível. As causas que impedem a riqueza são a superpolução, a falta de recursos naturais e a distribuição de rendas deficitária causada pelo domínio de grandes corporações e pela opressão dos bancos mundiais. O sol e o vento são grátis, no entanto as iniciativas governamentais neste campo ainda são quase invisíveis.

É preciso neutralizar as crenças antiprosperidade da nossa cultura relacionadas com a culpa por ser próspero. A arquimilionária Igreja pregou que "somente os pobres chegam ao reino dos céus", e outros ditados populares também afirmam que "é mais fácil um camelo passar por um buraco de agulha, que um rico entrar no paraíso". Analise suas crenças nesta área da maior importância.

Você pode viver com o necessário e ser próspero, ou pode ter o máximo de dinheiro e achar que não tem prosperidade. É bom lembrar que mesmo que tivéssemos tudo, nem assim estaríamos satisfeitos.

Prosperidade vem de uma boa dose de autoconfiança, ajudada por uma família em harmonia, que ajudará a encontrar trabalhos confiáveis que produzam riqueza. É bom lembrar que muitas famílias já foram muito mais ricas que hoje, e alguns aristocratas de nariz empinado já devem ter percebido que eles são tão iguais como todos os plebeus. Você pode observar se seus bloqueios sobre prosperidade têm relação com seus pais ou se há algum tipo de comparação entre os familiares.

Os antigos tinham costume de guardar coisas "no caso de precisar" porque tudo era mais difícil de conseguir que nesta sociedade consumista e descartável de agora.

É necessário confiar na abundância do universo e praticar a fé em si mesmo. A prosperidade é para todos, e para obter mais prosperidade é preciso saber exatamente o que quer, acreditar que pode consegui-lo e praticar pequenas ações com base nesta crença, até chegar ao objetivo.

Em épocas de crise, muitas pessoas podem perder o chão e então é imprescindível fixar-se em novas soluções, e não no problema, pois fixar-se no problema é receita para se perder. Confiar que a ajuda vem, pois ela virá em ações e soluções. Economize, mas não exagere na economia. Quando comprar algo sinta-se parte da circulação de dinheiro no mundo. Nas dificuldades aprendemos a disciplina do não desperdício.

LAIR RIBEIRO: Falta de dinheiro é temporária, pobreza é estado de espírito.

A prosperidade também depende de nossas boas ações. Se cada um melhorar em todos os sentidos, o mundo melhorará em todos os sentidos. Assim, nós podemos sim, mudar o mundo, cada um à sua maneira, não reclamando, tratando bem as pessoas, limpando os entulhos e praticando o desapego.

Pessoas prósperas têm muitos amigos. E a pessoa próspera é a mais certa de poder ajudar alguém, se vir que sua ajuda irá ajudar a si própria também, no espírito universal da colaboração. Sempre agradeço que já fui ajudada por pessoas prósperas generosas em momentos difíceis.

O propósito de vida deve ser maior que o objetivo de ganhar dinheiro. O que tem maior valor para você?

JERRY GILLIES: Não é o dinheiro que traz satisfação e prosperidade. É a sensação de estar fazendo algo importante, dando uma contribuição valiosa. Sem isto, o dinheiro não significa nada. Com isto, você pode ter o mundo!

LEIS DE PROSPERIDADE

As melhores leis de prosperidade são:

- Economia: gerar abundância reduzindo despesas.
- Cuidar do Dinheiro: cuide bem do dinheiro, arrume-o por ordem de valor na carteira. Faça um orçamento para distribuição da renda, incluindo lazer, cultura e viagens.
- Reduzir Despesas Fúteis: a melhor lei de prosperidade é que quando se tem pouco, gastar pouco, e quando se tem muito, também não gastar muito. Abaixo o desperdício e o consumo inútil!
- Agradecer: agradecer a riqueza que você já possui é o primeiro passo para se sentir próspero.

OSHO: O que você fez para ter estes lindos olhos? E para estar vivo? Isto vem da abundância da existência. Agradeça.

- Lei de Circulação do Dinheiro: tenha um potinho num canto com moedas para pôr e tirar e use-as.

JERRY GILLIES: O dinheiro circula e circula, e conforme ele circula estimula a economia. Cada centavo que eu movimento enriquece a economia e volta para mim multiplicado.

- Limpeza dos Ambientes: o exercício básico desta lei é tirar a estagnação de energia de casa, do escritório e da própria vida. A lei de limpeza e organização dos ambientes cria espaço para a abundância de novos objetos e evita perder tempo procurando objetos perdidos.

Desapego é a palavra mágica aqui, desapegar de coisas materiais em excesso e também de emoções de baixa qualidade. Guardar roupas, objetos, textos, você ainda acha que vale a pena guardar alguma coisa material nesta vida? Não é melhor usar tudo até um dia, quando morreremos e não nos arrependeremos de não termos vivido o suficiente?

SÓCRATES: Quantas coisas sem as quais posso viver!

- Lei do Consumo Colaborativo: comprar objetos e roupas usados, reciclar, trocar e alugar coisas, ao invés de comprar.

Os consumidores são as pessoas importantes de hoje e sentem que fazer compras acalma; que são remédios. Mas exageramos muitas vezes. É preciso parar o consumo sem nexo e viver de forma mais simples e cuidar do planeta para não ter lixo em excesso.

- Um Dia Grátis: fazer apenas coisas grátis por um dia, como caminhar, ir à Biblioteca Pública ler, fazer cursos gratuitos, se exercitar na academia pública e sentar numa praça e conversar.

LISTA DE PERTENCES

Uma regra importante para o desenvolvimento do senso de prosperidade é concentrar-se nas conquistas e vitórias obtidas. Para isso, faça uma lista de todos os seus bens, posses, poupanças e dinheiro. Você vai descobrir que é mais próspero do que pensava.

SIMPATIA DA LUA CHEIA PARA DINHEIRO

Pegue a maior nota de dinheiro que tiver no dia de entrada da Lua Cheia e coloque-a e tire-a do bolso três vezes dizendo:

- Lua Cheia no céu brilhante e resplandecente, no próximo mês me traga muitas notas desta novamente.

7 AMIGOS

Esta área trata de ajuda em todos os sentidos. De amigos do céu, os anjos estrelas, e da terra, os amigos velhos, os novos e os que não conhecemos ainda.

De todas as áreas, esta é a área mais útil e mais social. Sem amigos, sem grupos de encontro, não somos ninguém, com eles expandimos nosso universo. Sem a ajuda dos anjos que nos aparecem no caminho é impossível viver. Todas as pessoas certas apareceram, aparecem e aparecerão na sua vida, de acordo com os secretos desígnios da Ordem Divina.

WILLIAM JAMES: Encontros casuais não existem.

Rohi significa amizade e vem do Sânscrito, a língua sagrada da Índia. Vivo treinando isto de ser amiga.

MICHEL DE MONTAIGNE: Por que eu amava meu amigo? Porque era ele - porque era eu.

Amigo é quase a melhor palavra. Amigo é uma dádiva, e nesta área tratamos de tudo que for ajuda. Ter amigos é maravilhoso, ser amigo de alguém é ainda melhor. Cada amigo e cada pessoa que encontramos reflete uma parte de nós. A união com todos é a finalidade última no caminho evolutivo. Poder rir com amigos produz a autorregulação do corpo.

Quem quer amigos deve sair de si mesmo e ir para a rua, para se sentir em pertencimento com o resto do mundo. Se você é muito seletivo, naturalmente exclui muitas pessoas. Procure expandir sua vida aprendendo com cada pessoa em seu caminho. Se alguém cruzar sua estrada é porque deve ter algo para lhe ensinar, trocar ou aprender com você. "Conhecer pessoas é o jeito mais fácil de fazer grandes amigos."

Em nossa relação com os outros nossa natureza aparece e expressamos nossa identidade. Ter amigos de verdade pode proporcionar as experiências mais profundas para vencer limites e limpar mágoas do passado.

Um amigo nunca pode julgar o outro sob pena de perder a amizade, pois na verdadeira amizade somente a crítica construtiva é benvinda. O maior erro em amizade é a desconfiança, e a honestidade o maior acerto.

Pessoas difíceis não são fáceis. Mas onde está escrito que seremos compreendidos neste mundo, além dos poucos amigos verdadeiros? É impossível a gente se dar bem com todo mundo, mas se uma pessoa que você acabou de conhecer toca em seus assuntos profundos, você agradece o contato.

RICHARD BACH: Seus amigos o conhecerão melhor no primeiro minuto em que se conhecerem, do que seus conhecidos o conhecerão em 1000 anos.

À primeira sensação de não gostar de alguém pensamos que deve haver algo de errado com a pessoa, depois com a gente mesmo, mas o melhor é perceber que estamos aprendendo a reconhecer as diferenças. Se você espera reações gentis das pessoas, deve tratá-las com amor e gentileza também. Se tiver que arrastar os pés, está no caminho errado.

FÍLON: Seja gentil com todos, pois todos aqueles que você encontra estão travando uma dura batalha e enfrentando várias dificuldades.

Você sabe por que as pessoas o querem por perto e o que você lhes oferece? Por que as pessoas o querem como amigo? A Lei da Troca diz que trocar é obter do outro o que não se tem, e a amizade é a troca especial entre pessoas.

Cuide de seus amigos, pois "somente para amigos se pode contar segredos que podem ser espalhados".

NIETZSCHE: És um escravo? Não podes ser amigo. És um tirano? Não podes ter amigo.

Desde cedo temos diferentes classificações para os amigos: aos três anos, metade dos amigos é do sexo oposto; aos cinco anos, 20%; e aos sete anos já não há nenhum amigo do sexo oposto. Os universos culturais são diferentes e eles não se cruzam até a adolescência.

AJUDA VISÍVEL E INVISÍVEL

Deixe a preocupação com os anjos e fique atento para o auxílio deles na solução dos problemas. Perceba os palpites, as ideias e as intuições que lhe chegam.

JULIE SOSKIN: Muitas pessoas e lugares serão ajudados pelos guerreiros espirituais, fortes em determinação e fortes fisicamente.

Anjos existem nesta área. São os seres que nos ajudam e geralmente aparecem nas horas em que estamos alegres ou calmos. Não estamos sozinhos e os ajudantes certos aparecerão para nos fazer evoluir, na sintonia com a Fonte. Quando não souber o que fazer, deixe o comando para seu anjo particular e logo surgirá uma ideia ou alguma coincidência sincronística.

Enquanto o resto do mundo nos condena a um pântano lodoso, o amigo é um ser que te dá força e não te julga ao saber de suas fraquezas. Pela lei dos semelhantes que se atraem, chegamos aos grupos de almas que nos ajudam nas novas realidades deste tempo peculiar.

CLARISSA PÍNKOLA ESTÉS: A sobrevivência do instinto é forte e por isso suportamos tempos sombrios. Assim como um broto sobrevive às podas, algo em nossa psique está lá para nos ajudar e nos amar.

O amigo de si mesmo junto com amigos do universo fazem aparecer dinheiro quando é preciso, ou alguém telefona, ou o emprego aparece e as coisas se resolvem por encanto. A gratidão por tudo isto é o que nos faz reverenciar a vida. A vida se resolve e se compõe de amigos.

Antes de mais nada, não seja cruel, seja o melhor amigo de si mesmo e pratique a habilidade de fazer amigos o mais rápido possível!

OS GRUPOS

DANAH ZOHAR, IAN MARSHALL: O todo pode ser maior que a soma de suas partes. O todo contém uma riqueza e uma dimensão que as partes não têm, portanto o todo possui esta qualidade adicional.

Pertencer a um grupo pode trazer uma vivência nova e enriquecedora. Mas há que se ter cuidado em não se alienar de si mesmo, tornando-se um "Maria vai com as outras". A fronteira entre o eu e os outros pode ser tênue nos grupos de crescimento.

Os efeitos da unidade do grupo incluem cura, crescimento pessoal, resolução de problemas, melhora nas relações, adaptação às incertezas, e consciência holística. Mas nem sempre o grupo é gerador de força, se ele flui em função dos níveis mais baixos de compreensão - é preciso uma boa liderança para propiciar a boa vontade individual e a contribuição pessoal.

IRVIN D. YALOM: Terapias em grupo são especiais para tratar excessos de autoamor narcisista que geram problemas interpessoais. Num grupo bem dirigido todos aprendem a lidar com o tempo de cada um e a paciência, para não serem o centro das atenções.

Num grupo com base na energia afetiva, à medida que cada um vai transmitindo energia ao outro, todos atingem um novo nível de sabedoria devido ao efeito de amplificação dos valores do grupo. Estes grupos especiais crescem no mundo devido à sua força e à necessidade de sair da noção de separação.

JAMES REDFIELD: Todos nós estamos sempre em contato com um grupo espiritual de apoio aos nossos ideais, desde nosso nascimento. O grupo nos segue pela vida como um reservatório de lembranças que transparecem nos momentos de maior inspiração.

COMUNIDADE E INDIVIDUALIDADE

Compartilhar é poder dar sem perder o que se tem.

FILME *SAMSARA*: Como impedir que uma gota d'água seque? Resposta: jogando-a no mar.

Primeiro temos que ser gotas. Gotas completas de autoamor para então nos unirmos ao amor universal. Enquanto se sofre em solidão, é impossível sair de si e ir para a vida. Só depois de gastar as mágoas todas, podemos nos tornar amigos de outros e amigos de nós mesmos.

Para quê secar em solidão e esquecimento, vamos compartilhar nossa alma em riachinhos de amizade? Em inúmeras situações somos mais felizes em grupo do que sozinhos. Somos todos um, portanto às vezes temos que ser jogados no mar da vida para sobreviver com compaixão.

Pessoas se tornam mais fortes se conseguem manter bons relacionamentos, diminuindo os níveis de estresse e lidando melhor com as situações. Os vínculos positivos entre pessoas de uma comunidade são fonte de bem-estar físico e emocional. O individualismo excessivo causou a necessidade do coletivo como questão crucial para o desenvolvimento dos seres. Hoje é importante ser indivíduo e fazer parte do coletivo ao mesmo tempo.

Parte da nossa sensação de solidão atual está relacionada à densidade populacional. Enquanto o beduíno, isolado por quilômetros de areias desoladas, oferece calorosa acolhida a qualquer estranho, seus contemporâneos urbanos, mesmo que bem-intencionados, não mostram qualquer sinal de que notaram os milhões de humanos comendo, dormindo, discutindo, a poucos metros de distância deles.

ALAIN DE BOTTON: A atual Arquitetura de espaços públicos não se mostra notável para relacionamentos e encontros de amizades nem nos instiga a perceber que cada um dos inúmeros indivíduos que passa por nós é uma personalidade complexa e preciosa.

É preciso trabalhar sempre pelo pequeno grupo e pelo grupo do planeta. Cegueira fundamental é não perceber que só temos o mundo que criamos com os outros.

HUMBERTO MATURANA, FRANCISCO VARELA: Sem a aceitação do outro não há humanidade. Nossa tradição biológica e cultural desde cedo nos traz ao acoplamento em um grupo.

O grupo de amigos é um movimento instintivo de sobrevivência para todos. Como contam Maturana e Varela, numa manada de antílopes, o antílope que fica para trás para proteger o grupo de qualquer surpresa sabe que sua realização individual é justamente sua presença na retaguarda.

8 RELACIONAMENTO

Vida é relacionamento. Esta área é uma das que possui mais pesquisas em razão das dificuldades atuais com respeito aos pares.

Cada pessoa tem seu par no mundo, e se isto não está acontecendo para mim e para milhões, é bom discutirmos a relação, embora os especialistas digam que discutir a relação é o primeiro passo para a piora de tudo. Ser flexível e aprender a lidar com os pontos fracos seus e do outro honra melhor a parceria.

Um parceiro, uma parceira, é um combustível para a atuação no mundo, pois a sociedade não valoriza a pessoa em si mesma. Apesar disto a individualidade impera; mas mesmo com o excesso de individualidade sempre vamos querer estar com outras pessoas e sempre iremos querer sair um pouco de nós mesmos.

A estreita conexão entre as almas é rara hoje, já não há cinderelas nem cinderelos, nem príncipes, nem princesas, e as meninas e os meninos são normais e reais ao extremo. Está difícil, difícil para todos, até os mais bonitos e as mais belas são deixadas em troca de outras e de outros. Os homens estão sem vontade, ou à procura das mais jovens, e muitas mulheres têm preguiça de entrar em uniões duradouras.

ERICA JONG: Se dependesse de encontrar um príncipe, hoje, a Bela Adormecida dormiria por mais um milênio.

Nunca houve tanta separação entre gêneros como agora, e já erramos muito em parcerias problemáticas. Por que este assunto está na pauta dos maiores bloqueios da nossa cultura?

É porque o companheiro de alma é alguém que nunca permitirá nos deixar impunes a qualquer coisa falsa em nós. Este é o valor de uma ligação de crescimento, ela é a chama transformadora das velhas prisões de identidade em que vivemos. E é porque o parceiro se torna um especialista em expor partes que nem suspeitamos de que sejam nossas, ou que não queiramos reconhecer como tal, e faz-nos o favor de que vejamos que temos que atravessá-las.

O maior sintoma das dificuldades nesta área é que ninguém para de falar disto, e segue o barco dos poetas e músicos falando sem cessar de amor e dor. Penso que a causa das dificuldades é a solidão aliada ao narcisismo, que mudou este ímpeto natural da vida.

Se você deixa o seu celular à mesa ao conversar com alguém, significa que este alguém não é importante para você. E no quarto o celular atrapalha o sono e acaba com as relações.

Também não é possível tocar no assunto relacionamento sem falar da dominação da mulher e de seu papel na sexualidade.

CAMILLE PAGLIA: Antes as mulheres tinham o papel de cuidar do nascimento à morte dos entes queridos, e administrar a propriedade e a nutrição de todos, e os homens faziam as coisas perigosas, caçavam, e as mulheres e os homens eram felizes, e tinham uma solidariedade entre eles.

Será possível que a grande mudança nos gêneros feita pelas mulheres e os transexuais tenha intensificado as dificuldades, já que uma boa parte dos homens não consiga ainda aceitar as transformações, e grande parte das mulheres confunda agora o que é feminino e o que é masculino? O que antes não tinha dúvidas de ser, agora é assim: o que é o homem? O que é a mulher?

Este livro tenta trazer vida ao feminino, por isso tem que se aprofundar neste tema controverso. Com todas as transformações, hoje temos uma divisão: homens e mulheres atualizados no tempo e outros e outras ainda se segurando na mentalidade medieval. Ainda há relacionamentos nos quais o que a mulher sente ou quer pouco importa, é mole?

Os gêneros pelos quais se briga tanto não existiam antes. Na criação da vida nos oceanos havia apenas células diplóides com dois núcleos opostos que se reproduziam. Somente ao chegar à fase terrestre o órgão genital masculino foi necessário, e desde então a guerra começou, com a criação do masculino versus o feminino.

É melhor esperar por uma pessoa simplesmente boa que por uma perfeita, não vale mais ser a mulher perfeita que os homens colocam no altar só para manter o casamento.

ALAIN DE BOTTON: Por impressionante consenso nossa cultura situa a principal dificuldade dos relacionamentos no encontro da pessoa certa ao invés de em saber amar um ser humano real, ou seja, incorreto.

Toda relação é uma unidade que se compõe dos dois parceiros e do relacionamento formado por eles, o terceiro elemento. Este vínculo energético é a parte mais profunda, que conduz os parceiros à senda de desenvolvimento pessoal.

Trabalhando esta área em nós mesmos estaremos assumindo o domínio de vícios emocionais como a vontade de sofrer, que tanto atrapalha os relacionamentos.

ECKHART TOLLE: Quando você se iluminar acabarão os dramas de ego e todos os seus relacionamentos serão de amor.

Como dizem os poetas, é preciso ser um pouco romântico nos dias de hoje, não o romântico antigo e sofredor, mas aquele capaz de criar um clima amoroso e gentil, pois do contrário tudo se torna árido, frio, sem tesão e sublimado. A sublimação é o que anula o erotismo hoje. Ser romântico, ao contrário, é transformar a coisa normal e árida em algo amoroso e belo.

No relacionamento positivo gostamos de estar sozinhos tanto quanto de estar junto ao parceiro. E devemos respeitar a masculinidade integrada à feminilidade em cada um. O masculino puro é intragável e o feminino puro é melodramático demais - os dois unilaterais são muito chatos, é melhor integrar o par dentro de si mesmo.

Podemos ter como mestres do casamento sagrado o Rei de Israel em união a Maria Madalena. O gesto dela em lavar seus pés era na verdade uma tradição do casamento judeu.

JESUS: Quando da dualidade fizerem a unidade, quando tornarem o exterior como o interior, quando fizerem do macho e da fêmea um só, de modo que o macho não seja mais macho e a fêmea não seja mais fêmea - então entrarão no Reino.

O amor segue leis naturais além dos papéis masculinos e femininos e além de hábitos e costumes. A diferença entre hábitos culturais faz com que em todas as culturas haja coisas que alimentem o amor e coisas que o prejudiquem.

De qualquer forma, aconteça o que acontecer, você chegará ao amor, à materialização do céu na terra. Então poderá dar para si e para os outros a bem-aventurança. Da alquimia individual para a alquimia em par, o caminho natural das coisas.

Por novos tipos de parcerias e uniões de seres integrados e livres no século XXI! Querer mudar o outro pode ser muito nefasto ao relacionamento. Mude a si mesmo, antes que seja tarde - mentira, nunca é tarde para ser feliz! Ter pensamento flexível é uma das soluções para aceitar o outro e não se deixar levar por discussões inúteis do ego.

"Mulheres, não sejam muito disponíveis – perseguir a garota é um dos principais jogos dos homens."

O HOMEM

ALLAN, BARBARA PEASE: No princípio Deus criou a terra e descansou. Depois Deus criou o homem e descansou. Por fim Deus criou a mulher. Desde então, nunca mais nem Deus nem o homem descansaram.

Não sou homem, portanto só posso esclarecer aqui alguns conceitos que andam nas cabeças masculinas e femininas sobre estes seres amados e odiados com a mesma intensidade, quando as mulheres não sabem se eles são os mocinhos ou os bandidos de seu filme.

Reconhecer sua anima ou energia feminina interior, para um homem, é a libertação com coragem do machismo de séculos. Até o século XX tivemos o domínio patriarcal antifeminino que levou ao ateísmo, à angústia, às doutrinas rigorosas, à pornografia e ao fundamentalismo bárbaro terrorista. Porém, a maior confusão do século XXI é o pensamento de que há igualdade entre os sexos e de que os homens se disporão a carícias preliminares e discussões sobre a relação, além dos costumeiros galanteios.

ALLAN, BARBARA PEASE: Os homens sentem coisas simples como fome e vontade de transar, e se você o vir sem uma ereção, prepare um sanduíche para ele.

A verdade é que o homem do século XXI é "programado para desejar exatamente a mesma coisa que atraía seus antepassados: o máximo de sexo possível, e o quanto antes".

OSHO: Três mulheres morreram e chegaram a São Pedro. Ele perguntou a cada uma: Você evitou sexo na Terra?

A primeira mulher respondeu: Eu evitei completamente.

Muito bem, disse Pedro, aqui está a chave dourada, que abrirá as portas do paraíso para você.

A segunda mulher respondeu: Mais ou menos.

Ok, diz Pedro, aqui está a chave de prata que abrirá as portas do purgatório para você.

A terceira mulher respondeu: Eu, São Pedro, fiz todas as coisas que o senhor pode imaginar e muitas que não pode nem imaginar! Então São Pedro responde: Ótimo. Aqui está a chave do meu quarto; eu estarei lá em um minuto!

Uma verdadeira gueixa é, na verdade, o que os homens querem, e as mulheres se dispõem a sê-la, desde que sejam amadas e respeitadas.

JERRY HALL: É fácil conquistar um homem - é só ser uma servidora na sala, uma chef na cozinha e uma prostituta na cama.

A tragédia sobre a diferença é que muitos homens a interpretaram como desigualdade. Esta é a distorção que serviu e ainda serve para subordinar a mulher e excluí-la da vida social reservada aos homens. Os homens são em tudo opostos às mulheres e a perfeição está na diferença. E a diferença é nada comparada com a indiferença.

Nas relações com as mulheres a tarefa do homem é resgatar o poder masculino junto com o feminino dentro de si na integração da mente e do corpo, para ser totalmente masculino e desinibido, assim como a mulher poderá ser feminina e masculina e evidenciar seu lado feminino em sua beleza intrínseca.

DAVID N. ELKINS: Pesquisas demonstram que muitos homens bem-sucedidos que realizaram a si mesmos e se desenvolveram em alto grau são aqueles que atingiram um equilíbrio integrado entre seus lados masculino e feminino.

Se a Rainha Vitória tivesse consciência do mal que iria causar no mundo, jamais teria ditado suas regras moralistas e repressoras. Isto serviu aos homens para submeterem as mulheres sob seu jugo com mais intensidade. Este puritanismo vitoriano já causou muita frustração em mulheres com vivacidade sensual, mais reprimidas ainda se o homem também se reprime ou se mostra indiferente, também por repressão.

CLARISSA PINKOLA ESTÉS: Segundo o conceito vitoriano, mulheres não ficam selvagens nunca.

Ninguém pode imaginar a trama interna de quem hoje procura a evolução da mulher integral, que atraso causado por esta sociedade de homens mais as mulheres masculinas! Resta a esperança de novos homens que vejam na sensibilidade sua maior força. E uma vez que não precisamos mais dos homens que nos sustentem, podemos esperar apenas que nos amem e sejam generosos conosco.

MARIA QUINN: A maioria dos homens não sabe que um pênis ereto não é o que mais excita uma mulher. Ela pode se sentir mais estimulada quando o vê trabalhar, por exemplo, porque isto lhe desperta a afetividade.

Não tem mais sexo frágil, quem quiser cuidar da vida e do amor deve ser forte para lutar por isto. Mas no esforço das mudanças de comportamento dos sexos as mulheres provaram que podem ser como os homens, e isto causou distúrbios. As mulheres não podem pensar que são iguais aos homens, pois muitas não estão felizes.

CAMILLE PAGLIA: O ingresso da mulher no campo de trabalho masculino fez com que seja agora muito difícil sua relação com o homem. Desde o final do século XX há o fenômeno de homens simplesmente fechando as portas para o relacionamento com as mulheres e escapando para seu outro mundo, o da pornografia. Os homens viram que seu trabalho nas empresas pode ser feito pelas mulheres e isto criou um mal-estar e o ressurgimento da pornografia como forma de reafirmar seu comportamento de homens.

Apesar de todo o progresso dos homens e suas conquistas materiais, a maioria deles ainda é primitiva em seu relacionamento com as mulheres, e vários ainda confundem sexo com intimidade e muitas vezes deixam a mulher sozinha na cama. Porque se envolver com uma mulher significa sondar as profundezas da própria vida. Este é o desafio dos homens hoje. E com a anulação do feminino por milhares de anos, esse lado de nossa natureza foi prejudicado, tanto para homens quanto para mulheres.

JAMES JOYCE: O homem que assume conscientemente sua parte feminina é libertado para ser mais completo em sua masculinidade.

Joyce mudou para sempre o modo como os escritores tratavam a sexualidade. Quem lutou igualmente por isto foi Lawrence.

D. H. LAWRENCE: Trata-se de que os homens tenham a coragem de se aproximar das mulheres, de se exporem a elas.

O feminino não é monopólio da mulher. Ele falta nos homens e nas mulheres e no cuidado com a vida no planeta.

EMMA WATSON: Homens, eu gostaria de mostrar que igualdade de gêneros é seu problema também. Já vi homens sofrendo, incapazes de pedirem ajuda por medo que isto os tornasse menos homens. Vi homens frágeis e inseguros sobre o que constitui o sucesso masculino. Homens também não têm o benefício da igualdade.

Os homens são difíceis quanto a lidar com emoções. Se eles derrotarem sua indiferença masculina de séculos de má educação, renascerão para a verdadeira consciência da igualdade entre as diferenças e verão que as emoções naturalmente vêm e vão.

ROBERT A. JOHNSON: A mulher ocidental e o homem ocidental acabam se vendo no mesmo dilema psicológico: dominância unilateral e competitiva das características masculinas, em detrimento do lado feminino.

Apenas os homens que não se intimidam com seus semelhantes mostram-se muito mais dispostos a reconhecer na mulher uma igual. Vários homens inteligentes de sucesso têm defendido as mulheres contra a violência vigente.

E nós, mulheres, não podemos deixar de reconhecer o conhecimento dos homens e tudo o que eles descobriram. Amo a todos os homens que possuem o valor do eterno masculino e que possuem coragem para lutar pela honra e pela justiça neste mundo, pois "o masculino é aquele que protege e que honra o que é sensível em essência." Que ajudem a mudar o que não deu certo nesta sociedade de homens e mulheres sem a honra do instinto superior criativo.

E O QUE É A MULHER?

NIKOS KAZANTZAKIS: Se uma mulher atirava os lençóis para o ar, saía para o terraço quase nua e dava um suspiro, Zeus se transformava em touro, cisne, búfalo, e não deixava uma só mulher se queixar e suspirar; prontamente entrava no seu quarto.

Ela já foi e continua sendo lavadeira, passadeira, secretária coadjuvante e até bichinho de estimação de propriedade de alguns homens.

SIMONE DE BEAUVOIR: A mulher sempre foi, senão a escrava do homem, ao menos sua vassala.

Hoje a função de fêmea não basta para definir a mulher e explicá-la pelo "eterno feminino", mas, admitindo que há mulheres na Terra, teremos que continuar a formular a pergunta: o que é uma mulher?

VIRGÍNIA WOOLF: Eu lhes asseguro, eu não sei. E não acredito que vocês saibam.

Foram sempre homens que disseram tudo sobre as mulheres como provedoras da sedução e da fertilidade. De uns séculos para cá as mulheres começaram a falar sobre si mesmas e a desvendar seus mistérios, na eterna luta contra os preconceitos e julgamentos desta cultura. Começou com a libertação, falar sobre tudo, vida e intimidade, ambiente, política, saúde, então agora está tudo aí, nas redes também.

As mulheres foram educadas para considerar que apenas as atividades masculinas como raciocínio, poder e sucesso tinham valor, e a arte foi relegada a coisa supérflua. Mas antes da arte, a mulher, primeiro que o homem, aprendeu sobre o amor, pois ao cuidar de bebês, deu início a todo o desenvolvimento da virtude e dos aspectos mais nobres da existência humana. Desde que isso é assim, ela aprende mais depressa que o homem a estender o amor além de si mesma e a dirigir todos os seus dotes para conservar e embelezar a existência de outrem. Mas, muito mais que o homem, a mulher traz em si a contradição encarnada, entre sua vocação de amor e sua própria vida, nem sempre um potencial possível de realizar.

ERICA JONG: Educadas para acreditar que os homens nos sustentariam e protegeriam, descobrimos que muitas de nós tínhamos que protegê-los e sustentá-los. Educadas para acreditar que a feminilidade consistia em meiguice e conciliação, em geral descobrimos que nossa própria sobrevivência dependia de revermos essa ideia de feminilidade e lutarmos ferozmente por nossas necessidades.

O surgimento do Feminismo parecia que resolveria os problemas, mas não foi bem assim, o feminino é muito diferente das feministas, extremistas e fundamentalistas, como os terroristas, os radicais religiosos e os vitorianos, e contra os homens e contra o sexo, causando somente mais separação entre os gêneros.

CAMILLE PAGLIA: As feministas têm preguiça de estudar os verdadeiros problemas da posição inferior da mulher nas sociedades indianas, islâmicas ou das mulheres negras. Elas parecem defender apenas as mulheres brancas de classe média, protegidas pelos pais, protegidas pelos professores, sem sequer imaginar os perigos do mundo. Esta garota geralmente é arrogante e passou sua arrogância para o Feminismo.

O aspecto positivo do Feminismo foi nos despertar para os movimentos de igualdade entre os sexos, e é bom lembrar que ninguém é mais arrogante em relação às mulheres, mais agressivo ou desdenhoso, que o homem que duvida de sua virilidade. É isso, tanto as feministas quanto os machistas não têm mais razão de ser nesta pretensa integração dos sexos iniciada nos idos anos 60 do século XX.

IRWING WALLACE: Nas sociedades dos anos 60, muitas mulheres viviam plastificadas numa rotina de trabalho e tédio, apesar da fartura material e da segurança emocional do casamento. A vida parecia perfeitamente ordenada, mas com o sentimento de que elas não a queriam mais, e não sabiam explicar nem a si mesmas o que lhes faltava.

Tudo começou com Eva no paraíso, passou pelas nossas avós, mães, e de repente tudo mudou drasticamente no século XX. É difícil, mas sejamos um pouco otimistas, minha mãe não teve nem um décimo das escolhas que eu tive. E a mãe dela menos ainda. E elas nunca me disseram, e nem sabiam, que a vida não seria fácil para as mulheres independentes.

Evoluir dói. A mulher tem que ser homem, sem emoção, para sobreviver em certas situações, senão chora muito, embora o choro seja bom para "formar um oceano de lágrimas que lava a tristeza dos seres humanos sensíveis". Em alguns casos "pense como uma dama, mas aja como um homem".

Impossível criar um comportamento padrão para a era da diversidade de comportamentos. Para alguns, nunca houve tanta vulgaridade; para outros, essa livre mulher continua submissa e só mudaram as regras, salvo exceções. E ainda hoje, dois terços dos analfabetos do mundo são mulheres. Quanta ignorância ainda pauta a estas pobres senhoras!

BERT HELLINGER: A Inquisição denegriu tanto a imagem das mulheres como classe, que até hoje perduram os julgamentos tanto de homens quanto de mulheres contra qualquer insinuação de deslize de uma mulher, que é sempre mais julgada e condenada que os homens.

Enfim, a liberdade chegou. E com ela sentimentos contraditórios: nunca se viu tanto vestido de noiva, tanta busca de príncipe encantado, tanto romantismo confuso, tanta oferta, tanto desejo nem tanta solidão - é impossível generalizar as mulheres – existem todas.

JOHN GRAY: Além de homens e mulheres serem diferentes, cada mulher é diferente... E muda sempre.

A mulher tem necessidade de validação num mundo em que ser mulher ainda precisa de validação. Há coisas irreversíveis e difíceis de mudar quanto à situação da mulher no meio masculino.

A mulher consciente de hoje não aceita a relação de dominação nem de submissão de um ou de outro, pois no amor não pode haver dominação. A busca por ser feminina não pode agir por métodos dos homens. As mulheres devem ser modelos para viver. Os homens para pensar.

Já que a mulher nunca será igual ao homem, e já que homem e mulher têm de desenvolver o feminino, só resta um ajudar o outro na descoberta. E talvez, se nós, mulheres, pudermos pensar um pouco como os homens, poderemos eliminar tantas expectativas a respeito deles.

A mulher tem o poder integrativo das coisas e pode atuar com efeito em qualquer empresa, com sua visão ampla. E ela tem um papel fundamental na Era Dourada que entramos agora, quando as ideias que emperram devem ser extirpadas.

Milhões de mulheres se encontram hoje exiladas e sofrem e vagueiam por se lembrarem de sua natureza pura de mato e de ervas, filhas da natureza mantidas entre quatro paredes, no emprego ou em casa.

CLARISSA PINKOLA ESTÉS: Ela pode ter a impressão de que irá morrer se não sair dançando numa tempestade de verão, ou não ficar sentada em silêncio total, se não voltar para casa manchada de tinta, manchada de cor, manchada de lágrimas, manchada de lua.

Só lhes resta sonhar com a volta interior ao instinto selvagem natural e à própria vida, que brilha em sua alma, seu Self interior com poder de mudar.

Que os deuses a protejam dos bullyngs que sofrerem por serem mulheres sozinhas e pensadoras. Que as mulheres do bem se envolvam com arte e beleza o quanto puderem, para salvar sua alma neste mundo opressivo. E que ousem atuar em meio à adversidade com sua força!

CLARISSA PINKOLA ESTÉS: O feminino selvagem é o que sustenta o mundo. Nós, mulheres, estamos construindo uma terra natal onde vale a pena criar e vale a pena sonhar nossos sonhos a partir do inconsciente que produz constantemente imagens de cura. Que instilemos esta qualidade selvagem em tudo, no trabalho, na arte e na vida!

E que as mulheres esperem dos homens que eles se entreguem nos relacionamentos amorosos, e as ajudem a vencer este tempo de aprendizado intenso na Terra. Aparelhadas para atuar na mudança de paradigmas que baseia a Nova Era da Consciência, as mulheres estão prontas para ajudar a todos que queiram aprender sobre intuição e compaixão, no cuidado em tudo.

CLARISSA PINKOLA ESTÉS: Veneráveis grandes mulheres da mitologia, genitoras de grandes ideias e artes; que as mulheres sábias permaneçam perto umas das outras sempre. Apesar de toda a lengalenga do ego, há muito tempo têm o vislumbre de que nasceram com a sabedoria do tempo no corpo e na alma. Que mantenham sua alma vicejante a céu aberto para que todos vejam. Que se entreguem a quem se derramar! A mulher precisa de novo resgatar a si mesma e deslumbrar a sociedade com sua criatividade e seus pensamentos poderosos de exilada. Chega uma hora em que a limitação vira passado e há cura e desenvolvimento.

CLARISSA PINKOLA ESTÉS: Uma loba selvagem solitária sempre irá fazer uma contribuição original, útil e espantosa, onde quer que esteja.

SÉCULO XXI - A IDADE DAS TREVAS

CLARISSA PINKOLA ESTÉS: A mulher deve ter faro com sua intuição, identificar golpes e chamar seu protetor interno que a salva.

Não importa todos os julgamentos e condenações sobre a mulher, de toda forma ela irá transparecer em beleza e instinto quando puder ser livre.

CLARISSA PÍNKOLA ESTÉS: O Self instintivo a abraçará quando estiver chorando e com desejo de morrer sem morrer.

Diríamos que o século XX foi o auge do poder masculino em guerras e matanças, e quanta sorte a nossa se isto tivesse definhado como um declínio natural das coisas. Que nada, homens e mulheres malvados seguem estuprando e matando a esmo.

Por sua condição sexual, a mulher tem sido coberta com véus no Islã, tem os pés amarrados na China e é vendida e envenenada na Índia, entre outras atrocidades contra o poder feminino. Homens e mulheres seguem assassinando bebezinhas ao cortar seu clitóris para extirpar qualquer liberdade sexual, na África, na Índia, e em tribos primitivas em outras regiões da Terra. As instituições e as famílias encobrem este tipo de ocorrência, assim como a Igreja encobriu os casos de pedofilia.

A emancipação da mulher, blá, blá, blá... Onde foi escrito que isso seria fácil, com toda a culpa e o moralismo medieval que ainda vigoram? É uma pena que a Idade Média persista e seja até pior hoje, em muitos, inúmeros milhares de casos!

Adianta falar da mulher sem falar da violência que grassa sobre ela, que vem aumentando ao invés de diminuir? Mais que as outras vítimas desta sociedade, como os negros e os indígenas, as mulheres são mortas todos os dias por homens agressores. E segue sendo culpada como a causadora dos estupros que sofre, sendo tratada como prostituta.

Na Idade Média, a mulher não precisava dar consentimento ao homem para ter relações sexuais. No século XI a Inquisição perseguiu a todos considerados hereges ou blasfemos aos dogmas criados pela igreja. E até hoje, às vezes é melhor ser calada que demonstrar opinião, para não sofrer agressões da parte do primitivo. Muitas de nós estão "sufocadas em nossa existência restrita". O silêncio é de ouro, em muitos casos até mesmo entre mulheres, pois a fofoca e o julgamento persistem de todas as formas.

BESSIE SMITH: Quando você tem um amante, não saia espalhando por aí; as colegas a trairão e a deixarão triste na cama vazia.

A essência feminina de cuidado é o poder de homens e mulheres, mas seu bloqueio causou um enorme atraso mental nas famílias, na criação e na educação de homens e mulheres. A questão eterna é sobre a diferença vigente na educação de meninos e meninas. Quem é o responsável pela criação dos meninos? Na maioria dos casos segue sendo a mãe, e em muitos casos ela é a própria criadora dos monstrinhos que estupram mulheres quando crescem.

LUIZ FELIPE PONDÉ: É necessário formar meninos que prossigam com a regra natural de que eles devem proteger as meninas em situação de risco, por serem mais fortes que elas. Desde pequenos, os meninos devem ter a responsabilidade de cuidar da integridade física das meninas, pela própria condição que a natureza lhes deu.

Muitas mulheres não têm coragem de sair de um relacionamento opressor. Outras superprotegem os homens. Este mal deve ser superado, pois ela não é mãe dele e não conseguirá curá-lo. Ninguém muda ninguém.

CAMILLE PAGLIA: O marido violento já mostrava nuances disto desde o namoro, mas a mulher maternal não podia perceber suas intenções.

"Somos responsáveis por tudo o que conquistamos", disse o principezinho. Muitas vezes percebemos que há relacionamentos que nos tiram energia, que seria melhor sair e ser feliz.

PAULO LEMINSKI: Ameixas, ame-as ou deixe-as.

Os mais violentos espancadores de esposas também são violentos no trânsito e se metem em brigas facilmente. Quem vai querer entrar nesta briga de ignorantes?

IRVING WALLACE: Geralmente a violência sexual é reflexo de incompetência sexual.

Mas eles em muitos casos não agem apenas por impulsos penianos, há motivos mais complexos e não clarificados por trás de seus comportamentos.

Todo mundo sabe que no trânsito o maior deve proteger o menor, no entanto o frágil pedestre é atropelado por carros, bicicletas, motos, e o mesmo acontece pela força bruta dos homens contra as mais fracas mulheres.

MARIA JOSÉ DELIBERADOR (minha amada avó): Uma mulher estava sendo perseguida por um tarado. Então ela parou de correr e disse que se ele abaixasse as calças, ela levantaria a saia. Então ele abaixou suas calças, ela levantou a saia e se pôs a correr, enquanto ele ficou paralisado no lugar. Moral da história: uma mulher com a saia levantada corre muito mais que um homem com as calças abaixadas.

Nestas reflexões há que pesar vários lados da mesma moeda, então é preciso pensar que todos nós somos responsáveis pelos conflitos, e o papel da mulher envolve inclusive sua responsabilidade em se vestir conforme o ambiente exige. Esta pregação feminista de que não importa o que a mulher vista ela deve ser respeitada não procede.

CAMILLE PAGLIA: Entre 1000 homens, 999 serão bons e honestos e 1 será cruel e pervertido e é por causa dele que a mulher deve se vestir de forma que possa suportar as consequências de sua aparência.

No fim se vê que a superação de provas é o único troféu.

CLARISSA PINKOLA ESTÉS: Somos heroínas psíquicas com uma valise cheia de medalhas. A iniciação feminina é da infância à velhice. Sempre um novo Self está a caminho, uma vida interior nova.

VIRTUOSA E MORTA OU VITAL?

Muitos devem se esforçar para sair da cortina de puritanismo que pregou ser proibido se divertir e ter prazer.

CLARISSA PINKOLA ESTÉS: Você já se sentiu selvagem? A mulher não domesticada, não importa a cultura ou a idade, é o que é, um ser inteiro. Por mais que sejam julgadas e reprimidas, todas as mulheres guardam um canto secreto para ela. Sem nós, a mulher selvagem morre. Sem ela, nós morremos.

A história relegou a mulher a um grau de pureza por uma moralidade repressora, a ponto de anular suas sensações de prazer, em honra do prazer masculino. Apesar de toda a repressão, a maioria das mulheres de verdade é "deliciosamente feminina" e pensa em luxúria, desejo, e faz tudo, pensa tudo, apenas não o confessa por limites da própria cultura.

ERICA JONG: Não há nada mais desencorajador do que uma mulher que desistiu do sexo. Admiro toda mulher que não desistiu nem morreu.

Há mulheres que nem pensam em se relacionar, são muitas dificuldades neste campo. Outras não se esquecem disso um só dia, e outras não se mortificam nesta falta e aguardam a mudança de valores. O único que se espera é não se tornar uma pessoa árida de emoção, impermeável ao amor, e que não morra para a sexualidade. Também é preciso erradicar toda a culpa incutida em nossa psique, isto parece ser nossa maior ferida.

ERICA JONG: Por que alguém precisaria da culpa, esta maldição cristã-judaica?

Depois do livro *Mulheres que correm com os lobos*, sei que só resta a nós, mulheres, nos entregarmos para a arte, poesia, beleza, a fim de vivermos por completo e resgatarmos nossa mulher selvagem e forte. Apesar das barreiras, do confinamento e das lesões, alguém pode decidir viver plenamente e ser sábio.

Para voltar à sua vida instintiva, sua sabedoria mais profunda, os valores que importam segundo Clarissa Pinkola Estés são: ter uma história muito antiga, ter uma cicatriz profunda, gostar do céu e da água e ansiar por uma vida mais criativa e saudável. O fogo do amor deve prevalecer nos corações, primeiro no amor-próprio e a seguir no amor do mundo.

AMAR É...

JOJO MOYES: Quase todo mundo carrega a marca brutal do amor, fosse perdido, roubado ou simplesmente sepultado num túmulo.

O amor apoia. Entre no campo de amor universal.

ANITA GARIBALDI: Não quero ser o primeiro, mas o último amor de um homem.

Este amor que entregamos e recebemos é como a vida, um pouco triste, um pouco alegre... Todos nós temos grande capacidade de amar e ser amados, mas não vale mais esperar pelo impossível. Quantas dores teremos que atravessar até podermos desfrutar de um relacionamento de amor satisfatório?

Vivemos num mundo de possibilidades de amor em suas mais variadas formas, porém trata-se de perceber a qualidade envolvida, não a quantidade. Muitos romances do passado estiveram mais próximos da realidade amorosa que toda a erudição a respeito do amor de agora. O amor não está seguro neste mundo, mas vendo de outro modo, temos a fonte do amor dentro de nós. O amor no coração transcende a divisão, conserta o que está quebrado e cura o que está ferido.

O amor é uma reserva de energia sagrada como o próprio sangue. Amor é amor, seja para o Senhor, para o ser amado ou para a Fonte. O sinal de um verdadeiro amor é aquele em que posso me mostrar inteiro a alguém, com a parte de mim da qual me orgulho junto à parte que tento esconder.

LOU ANDREAS-SALOMÉ: O amor é a aspiração secreta do desejo que o indivíduo tem de se apossar da totalidade da vida que o rodeia, de entrar nela e ser preenchido por ela.

Amar é a razão de 99,9% das poesias e canções em todo o mundo. Amar é abandonar os velhos tipos de amor de dependência para o amor incondicional entre os parceiros. Para amar, basta transformar a consciência do ego para a alma, e então o amor universal transcende a relação.

PATRÍCIA LOVE E STEVEN STOSNY: Homens, não sejam covardes! Mulheres, não sejam megeras!

Tudo o que é o mal na humanidade é por causa da falta de amor. Hoje até se diz "o problema do amor" quando ele deveria ser somente solução. Por que há tanta falta do amor no mundo? Talvez por ser mais difícil receber que dar amor.

Para o sexo feminino, o amor é sempre a coisa mais importante da vida. Mas as distorções do significado do amor fazem com que mulheres malandrinhas e mauzinhas prossigam em seus velhos padrões de poder. São as mulheres dominadoras, criando homens inseguros, bloqueando-os pela superproteção.

Com o avanço da experiência, já não somos tão suscetíveis aos sofrimentos do amor. O amor pode demorar e demorar, e a espera infinita é só o que é preciso para se estar em paz. Como no romance *O amor nos tempos do cólera*.

GABRIEL GARCIA MARQUEZ: Escaldados pela vida, para lá das armadilhas da paixão, para lá das ilusões e das miragens, chegaram ao grão do amor sem rodeios. Pois tinham vivido o suficiente para perceber que o amor era amor em qualquer tempo, mas era tanto mais denso, quanto mais perto da morte.

Desistir do amor, nunca! Se na maturidade a maior coragem é amar, visto a dificuldade de entrega nos atuais contatos de qualquer tipo, vambora se entregar! Sem quandos! Agora!

JILL ROBINSON: Em algum lugar deveria haver um que ostentasse um sorriso maroto e se demorasse o bastante para travarmos conhecimento.

SER HUMANO INTEGRADO

"O feminino real também é masculino.
O masculino real também é feminino."

O paradigma patriarcal está atrasando a evolução da humanidade. É necessário romper com esta ordem. Mudar este paradigma consiste em usar o instinto a favor da vida, e não da destruição.

EMMA WATSON: Tanto homens como mulheres deveriam ser livres para serem sensíveis. Tanto homens quanto mulheres deveriam ser livres para serem fortes.

Se a mulher tem no fundo do seu coração uma visão digna do poder e da dimensão de sua feminilidade e de sua parte masculina, então sempre aparecerá um homem também integrado e apto a lhe responder convenientemente.

A dignidade de ser humano independe de ser homem ou mulher. É hora de exorcizar o machismo e superar o patriarcalismo por mais amor, proximidade, reflexão e troca de informações consensuais. No movimento "He for She", eles por elas, homens importantes têm apoiado as mulheres em sua luta. Para ser humano integrado é preciso superar tanto tempo sob a influência de machismos e feminismos e buscar a unidade dos dois. Hoje procuramos por seres mais parecidos a nós, acabou a estranha tese dos opostos.

ALLAN, BARBARA PEASE: Apenas uma parte de casais opostos escapou do divórcio.

O vínculo de pertencer a um relacionamento humano está ligado ao encontro de dois indivíduos que tenham integrado internamente seus aspectos masculinos e femininos e tenham o ideal comum de serem bons para todos e não só para si mesmos.

RAINER MARIA RILKE: E tal renovação no mundo talvez venha a consistir em que homens e mulheres, livres do falso sentimento de aversão, procurem uns aos outros não como opostos, mas como seres humanos.

O homem deve entender que a atual crise do masculino vem da influência de milênios de dominação e deve aceitar ajuda para dar o salto de qualidade para uma vida mais plena. Se as mulheres ajudaram a criar esta sociedade machista, agora podem ajudar os homens a integrarem o feminino. A espiritualidade e a humanização podem propiciar isto. A ligação com um sentido maior impede a amargura e o espírito de vingança.

Continuar valorizando somente as diferenças entre homens e mulheres pode aumentar ainda mais a separação e a dificuldade entre os sexos. Aceitar que as divergências são inevitáveis é um passo para a boa convivência. Entender as necessidades do parceiro e satisfazê-las é o caminho para a felicidade. E é preciso respeitar os momentos em que o parceiro ou a parceira esteja pensando em nada, num canto, com o olhar perdido.

Se cada indivíduo fizer sua participação mais verdadeira dentro dos pares, a vida será renovada e todas as mágoas passadas serão dispersas no vento da consciência.

OSHO: Dave e Mabel estavam sentados no portão.

- Vige, você é um cara legal, Dave. Você realmente me ama?
- Claro! Eu amo você, Mabel.
- Você morreria por mim, Dave?
- Ora Mabel, claro que não. Meu amor é imortal!

JUNTO E SOZINHO

Não existe diálogo com alguém com o Whatsapp ligado.

LEANDRO KARNAL: Nas redes vivemos em contato com pessoas distantes, mas quando estamos com estas pessoas nos pomos em contato com outras distantes.

Enquanto as redes não tornam a mente de pessoas inteligentes opacas, seguimos com nossos valores de busca interior. Valem os momentos de calmo isolamento, sem redes, sem ruídos mentais. Os melhores em relacionamento são aqueles que amam sua solidão. Os que amam sua solidão são os que se conhecem e se amam a si próprios.

Ninguém poderá substituir o que está faltando em nós.

MARTHA MEDEIROS: Solidão não se cura com o amor do outro, se cura com amor próprio.

Fugir para a solidão - jamais pensava assim antes, mas os tempos mudam, a vida evolui e saber estar só tem muito valor. Na solidão se realizam três virtudes: autoestima, independência e alegria de viver. Mas solidão demais não é bom, é necessário sair.

NIETZSCHE: Sai desta caverna - o mundo está à sua espera como um jardim.

Para se relacionar com alegria, temos que saber estar junto e estar só com proveito. Há momentos de se unir e momentos de caverna de luz.

A noção de solidão mudou muito ao longo do tempo e hoje a vemos como uma necessidade para o bom desenvolvimento pessoal. Ninguém poderá nos roubar de nós próprios. A solidão é a maior das liberdades. Você percorre o tapete quadrado da sala muitas vezes, enquanto durar a dança. Esta dança é só sua. A solitude da dança nos torna fortes e nos põem em contato com o Todo universal. A maturidade e domínio da solidão só se tornam possíveis quando a pessoa corajosamente aceita sua própria solidão. E o amor sempre será seu. A liberdade de poder aproveitar a solidão me leva a crer que o tesouro está aqui mesmo.

INTELIGÊNCIA SEXUAL

IRVING WALLACE: Há uma palavra de quatro letras que algumas pessoas consideram suja e outras consideram linda.

O sexo é uma grande e misteriosa força motivadora da vida humana, e tem sido assunto de grande interesse através dos tempos. Sexo é atividade aeróbica mais abdominais - não, não é tão simples assim, senão não haveria tanto enrosco quanto a ele.

Nesta época de desvendar segredos e abandonar velhos paradigmas, quando todas as coisas se tornam mais claras e transparentes, ainda sofremos por certos tabus proibidos e escondidos que podem causar sofrimento. Não há nada tão coroado de tabus do que o sexo, e nunca são demais umas palavrinhas sobre ele.

A Igreja impingiu o conceito de que o sexo era pecaminoso, mesmo no casamento. E a cultura, esta coisa infiltrada no pensamento, como macaquinho de repetição aceitou o crime. Vai ter que mudar, pois nenhuma mulher admite mais, por exemplo, que o parceiro seja afetuoso apenas quando quer sexo.

ALLAN, BARBARA PEASE: O homem pensa que o sexo provoca amor; a mulher sente que o amor provoca o sexo.

Quem preza sua sexualidade irradia calor e vitalidade. O livro mais importante nesta pesquisa foi *Inteligência Sexual*, de Conrad e Milburn.

SHREE CONRAD, MICHAEL MILBURN: Uma vida sexual ativa nos torna mais felizes. O hormônio DHEA liberado no orgasmo é produzido pelas Suprarrenais a partir do colesterol e aguça o raciocínio, melhora o sistema imunológico, inibe tumores, promove crescimento ósseo e funciona como antidepressivo. A oxitocina produzida no orgasmo é o hormônio das pessoas felizes.

Segundo pesquisas, a prática de sexo regular aumenta a produtividade no trabalho pela ação da dopamina e da oxitocina, que agem diretamente sobre o humor e duram um dia todo após a relação.

Igualmente aos esportes, a sexualidade também produz hormônios do bem-estar como a endorfina e as anfetaminas naturais. E ativa o Hipotálamo, que é uma das partes mais antigas do cérebro, que controla a fome, o sexo, as emoções e o ciclo circadiano. A descarga de hormônios no sangue durante o orgasmo regula várias funções do corpo.

Ser inteligente sexualmente é ter consciência de sua sexualidade e seguir com ela, mesmo não tendo foco em alguém. É estudar sobre sexualidade e praticar atividades relacionadas ao erotismo, como a dança, os trabalhos de corpo e a arte, percebendo que os sentidos e tudo do corpo fazem parte da vitalidade, que também é uma expressão da sexualidade.

SHREE CONRAD, MICHAEL MILBURN: Os sentidos agem como estímulos para a realização completa de uma união sexual amorosa. A energia sexual intensa sobe desde o períneo pela coluna e adjacências até o sétimo chacra, passando pelas sete glândulas endócrinas: sexuais, suprarrenais, pâncreas, timo, tireoide, pituitária e pineal.

A energia sexual é neutra, mas a fisiologia sexual é facilmente influenciada pela mente.

DEEPAK CHOPRA: É a mente que brocha ou evita o orgasmo. Para distrair a mente é bom ofegar em respirações rápidas e superficiais.

Difícil é seguir regras contorcionistas de manuais como *O Tao do Amor e do Sexo* e o *Kama Sutra*, exemplos dos princípios que regem os prazeres do sexo, que são impossíveis de serem seguidos por pobres ocidentais sem tanta flexibilidade. Mas vale estudá-los, como pesquisa.

KO HUNG: Nas artes de alcova o cultivo dual é remédio e promotor de longevidade.

Ser inteligente sexual é ter consciência de que o excesso de perfume tira o cheiro natural do corpo e também confunde os feronômios, que são a forma de comunicação telepática, transportada pelo ar e que funciona na química sexual.

Ser inteligente sexual também é saber que tamanho não é documento. O homem, utilizando bem seu instrumento, só pode causar felicidade à mulher. A culpa dos homens geralmente é ir rápido demais e a das mulheres é não chegar ao orgasmo. Melhor tirar a culpa e limpar ideias sobre sexo.

JOHN GRAY: O homem sempre quer o orgasmo, a mulher quer emoção e nem sempre quer orgasmo. E o homem deve entender que não se trata de quanto ele faz, mas de quanto tempo ele leva para fazê-lo.

Por ser um ótimo exercício cardiovascular, o sexo é muito bom para o coração e a pessoa se torna mais vital e bonita. E ainda se livra de resfriados, segundo várias pesquisas.

A busca incessante por prazer vem da infância, antes de sermos reprimidos pela educação, mas podemos voltar a brincar. Desde as perdas e separações da infância há uma busca intensa pela felicidade e pela fusão e união com o todo. Eros vive intensamente como parte instintiva no inconsciente, que não se mostra tão facilmente. Na imaginação mágica do corpo erótico a procura do êxtase é a grande lei do desejo, espalhado pelo corpo inteiro.

É sabido que o excesso de atividade na mente não propicia o relaxamento necessário à atividade sexual. Quem já não viu diminuir seu desejo e sua libido quando tem problemas financeiros ou de outra ordem preocupante? O sexo era natural nas primitivas sociedades, como se alimentar e viver.

JOHN GRAY: Hoje temos o agravante da mídia, as mulheres monumentais que aparecem e dizem: venha, me possua! Muitos homens perdem o desejo por sua simples mulher em casa. A TV não ajuda.

Reza a inteligência sexual que ao se tratar de relacionamento de crescimento cada um deve, naturalmente, estar a par das características sexuais e das necessidades de seu parceiro para manter a harmonia. Entretanto, esta mudança de atitude é lenta, em vista das dificuldades da cultura e da religião, com os erros no tratamento obscuro e medieval para meninas e mulheres.

ALAIN DE BOTTON: Sem o sexo não teríamos joalheria, não bordaríamos rendas, não serviríamos a comida em travessas de prata e não construiríamos quartos de hotel em pontões de rochas frente a lagos tropicais.

A luz no fim do túnel sobre as dificuldades no sexo é que os sentimentos nocivos sobre sexualidade foram aprendidos e é possível desaprendê-los. O importante é ser vital e atraente, independentemente da idade e da aparência estética. Tudo é curado quando há amor.

A consumação amorosa sexual constitui o maior ato humano possível. Nenhuma outra ação humana está mais em harmonia com a ordem e a riqueza da vida e expressa melhor nossa participação na totalidade do mundo. A consumação sexual e suas consequências são o que nos compromete com a vida e nos traz crescimento.

JAMES JOYCE: Repetir três vezes:
- Para encontrar o amor de um homem:
Abracadabra masculinum para mim.
- Para encontrar o amor de uma mulher:
Abracadabra femininum para mim.

SEM CHAMA, VIVE O FOGO DO DESEJO?

Mulher adora sexo, mas para sentir desejo tem mais exigências que o homem, que também precisa de mensagens claras de que ela o quer.

PAULO VENTURELLI: A sociedade sempre temeu as flamas do desejo. Precisou discipliná-lo por meio de normas, códigos e verdadeiros métodos de colonização da mente e do corpo, até o humano ser enclausurado dentro de uma fôrma.

Sem o desejo seríamos invulneráveis, e poderíamos achar que não éramos ridículos e não sofreríamos rejeição e humilhação.

ALAIN DE BOTTON: Seria bem melhor se não tivéssemos desejo sexual. Durante a maior parte da nossa vida ele só representa problemas e angústias. E num dia ruim, a coisa toda da velhice nos derrota em termos de sexo.

Muitas pessoas simplesmente desprezam tudo o que se relaciona com a sexualidade. E a decente vida cotidiana não combina com se entregar desbaratadamente ao sexo sem consequências.

ALAIN DE BOTTON: Devemos aprender a ver o outro como se nunca o tivéssemos visto antes.

O desejo existe e aos montes, por objetos de consumo como carros, casas, moda e tratamentos de beleza. Mas falar em desejo de prazer quer dizer fugir dos falsos prazeres do consumismo para um prazer mais sagrado e profundo. Será que trocamos um pelo outro, transar por comprar? A deserotização é compensada pelo consumismo de se ter objetos móveis e imóveis.

Muitas pessoas se deixam enfear com o tempo, e não é só a perda muscular ou de tônus, pois parece que perdem a motivação em se tornarem bonitas.

ALAIN DE BOTTON: Muitos casais podem neste momento se perguntar por que a excitação deles é tão morna quanto à de banhistas numa praia de nudismo. Os filhos e a televisão têm papel fundamental em tirar a emoção necessária à intimidade de um casal. E então eles começam a morrer para o sexo, criam barba e barriga e envelhecem aos 40 anos.

A indiferença no sexo é um fator determinante em rupturas, mas há casos em que a falta de habilidade masculina é uma das causas para a culpa e a indiferença feminina.

IRWING WALLACE: Exceto em casos de desordens pélvicas, não existem mulheres frias, apenas as que não sentem prazer na relação, que pode ser a anestesia da vagina devido a culpas, medo de gravidez e traumas.

As causas vêm também da formação repressora puritana patriarcal e da falta de educação sexual. Esta maldição na vida de certas mulheres tem que acabar. Quantas mulheres vivem a vida se achando frias, sem saber que seu marido é que é incompetente sexualmente.

ANDRÉ VON LYSEBETH: Em alguns casos, mulheres chamadas de frígidas o são apenas por seus homens frigorificantes - os inábeis e os ejaculadores precoces.

Quem reprime a sexualidade pode pensar que ela é instintiva e primitiva. Ela é instintiva e primitiva.

ALAIN DE BOTTON: Já é hora da necessidade de sexo e a necessidade de amor serem reconhecidas como igualmente importantes. Enquanto a pessoa tiver que fingir amor para obter sexo ou fingir querer só sexo em busca de amor duradouro, poderá correr o risco de ser dolorosamente abandonada na manhã seguinte ao encontro.

EROTISMO E SUBLIMAÇÃO

D. H. LAWRENCE: A terrível agonia e ventura da paixão pura, do puro e transcendente desejo...

No tempo do láudano e do absinto as pessoas se deleitavam consigo mesmas, mas isto foi num tempo sem televisão nem smartphones.

A interrupção súbita do toque de mensagens no celular é uma tragédia nos relacionamentos e não dá para descartar esta influência no bloqueio da libido.

O erotismo está em falta no mundo e junto com ele a importância do amor e da beleza. Agora que o mundo beira à autodestruição graças à destrutiva sublimação, a salvação é voltar-se para o interior de si mesmo e para o amor, para encontrar um jeito novo de tratar a sexualidade e o erotismo. Preservar seus requintes deveria ser um bem sagrado como os segredos das sacerdotisas, para tentar ensinar e relembrar pessoas a respeito de uma sabedoria que possivelmente faria do mundo um lugar pacífico e encantado.

Estará a sublimação na mente? Não na mente propriamente dita, mas nos condicionamentos a que somos submetidos ao longo de nossa existência. Um mundo que sublimou o instinto e o feminino não poderia, somente com uma energia, a masculina, atingir o auge da sexualidade. Vivemos uma pálida imitação do prazer do passado longínquo de nossos ancestrais que integravam a sexualidade natural e instintiva.

Erotismo trata de muitas outras coisas além do sexo. Recuperar nosso erotismo é o primeiro passo no caminho da espiritualidade. Luxúria, *lust*, é o pecado capital instituído pela Igreja em séculos de repressão, mas o erotismo está além da religião, como o erotismo na arte. A beleza na arte erótica descarta a sublimação e inclui as energias instintivas naturais.

A arte tem sido especialista em temas eróticos em todas as sociedades e sua qualidade amoral é o que a faz inocente e natural. O erotismo é a criatividade do corpo, mostrada nos painéis artísticos de todos os tempos, desde as culturas antigas que deixaram legados, mistérios e rituais. A arte erótica abre realidades desconhecidas, que de outra forma não teríamos como entrar em contato, no nosso inconsciente e no inconsciente coletivo.

A pornografia trata a sexualidade de maneira grotesca e vê o sexo como vil e sujo. Na arte erótica o corpo é um símbolo sagrado; na pornografia é mero objeto descartável. A sociedade não nota que as provocações sexuais da mídia e a beleza dos corpos tenham poder tão extraordinário sobre nós, e todos seguem a vida como se isto não tivesse importância. A sociedade controlou os instintos e anulou o erótico, e até tornou-o vulgar pela propaganda. O resultado é a sublimação e a apatia sexual.

A propaganda a que as próprias mulheres se sujeitam pela fama de um corpo perfeito é uma ilusão. Este corpo só vale por sua beleza exterior numa fase jovem da vida, e o erotismo é eterno.

Já sabemos o valor que tem o orgasmo na regeneração do corpo, mas ainda temos que descobrir se este foi o maior presente divino aos seres humanos, e se tiver sido assim, porque eles o degradaram ao nível do chão.

ALEISTER CROWLEY: O vocabulário do amor sexual é pequeno, seus termos triviais, mas a linguagem do corpo nunca se exaure. Existem coisas íntimas, delicadas, sombras das folhas da Árvore da Alma que dançam na brisa do amor, tão sutis que nem Keats nem Rilke em palavras, nem Brahms nem Debussy em música puderam dar-lhe corpo. É a agonia de todo artista, quanto maior ele é maior é o seu desespero, pois não consegue expressar todas essas coisas. E aquilo que não podem fazer nem uma única vez numa vida de ardor é feito em toda plenitude pelo corpo que, amando, aprendeu a lição de como amar.

ALQUIMIA E MAGIA SEXUAL

TERENCE MC KENNA: Feronômio é a linguagem química dentro de uma mesma espécie.

O sexo pode ser alquimia e pode ser meditação. Tudo se junta no exercício sexual da unidade em três substâncias: a amante, o amado e o amor.

RABINDRANATH TAGORE: A minha vida é um coração, ó minha amada, que limites pode ter?

Tantra é a forma indiana de fazer amor como meditação. Shiva e Shakti ensinam a espiritualizar a sexualidade a fim de alcançar a plenitude entre os pares.

SHIVA: Quando estiver sendo amada e acariciada, doce princesa, entre no carinho, no toque, como na vida eterna.

Os mestres da alquimia Fulcanelli e Aun Weor trataram do aspecto alquímico das energias sexuais na elaboração do Mercúrio Filosófico e da matéria-prima.

SAMAEL AUN WEOR: A matéria-prima são os líquidos sexuais humanos - o sêmen no homem e os líquidos sexuais na mulher.

Fulcanelli segue dizendo que a técnica para a elaboração do Mercúrio Filosófico não requer especial destreza de mão nem habilidade profissional, senão somente o conhecimento de um curioso artifício - a prática da Magia Sexual.

FULCANELLI: Existe uma pedra de grandes virtudes, que sendo chamada pedra não é pedra, é mineral, vegetal e animal, e encontra-se em toda parte e a toda hora em qualquer pessoa. A Magia Sexual constitui aquele Secretum Secretorum que jamais foi revelado e que provavelmente jamais o será.

AFRODISÍACOS

Os afrodisíacos existem desde sempre para despertar o desejo sexual, mas não tem afrodisíaco melhor do que a pessoa que você quer te querer também.

Os melhores afrodisíacos são o amor e o bom humor, mas devido à falta deles, às vezes é necessária uma ajudinha para ter a libido ativa. Como hoje é muito fácil sublimar esta energia e ficar na mídia a ver navios e a vida a passar, é preciso a ajuda de várias comidas e bebidas, como vinhos, peixes e sementes, destinados à conquista, em jantares bem preparados.

Nos rituais tântricos da Índia usava-se uma mescla de haxixe com mel e âmbar. A Canabis e o Haxixe são estimulantes eróticos conhecidos desde a antiguidade em toda a Europa e nas Américas, na China e na Arábia. Pinturas mostram odaliscas fumando ervas nos haréns.

Se o primeiro afrodisíaco é o amor, o segundo é a variedade. O sexo nunca poderia virar rotina.

ANAÏS NIN: A monotonia é fatal para o sexo. O sexo deve ser misturado com surpresas, lágrimas, risos, palavras, histórias, sonhos, fantasias, música, dança, ópio e vinho.

UNIÕES DURADOURAS NO SÉCULO XXI

GERALD MESSADIÉ: O amor terreno é um reflexo do amor celeste. Os dois nos unem.

Um dia homens e mulheres serão presenteados com relacionamentos que resgatem a falta coletiva que fez no mundo a essência feminina, uma fonte que não pode mais ser negada e nem contida.

O século XVIII foi o século objetivo da razão e do Iluminismo. O século XIX foi o século subjetivo do coração e do Romantismo. No século XX as coisas continuaram meio que misturando os séculos passados, com o conhecimento sobre afetividade quase parado. No final do século XX a decadência e a pouca importância dada ao casamento acabou na banalização do sexo e das parcerias amorosas fáceis, iniciando um período de inúmeras separações de casais.

ENRIQUE ROJAS: O século XX gerou os analfabetos afetivos e a ruptura de casais em massa.

Segundo pesquisas, no século XXI o casamento ainda é a maior contribuição para a felicidade. Nos relacionamentos positivos duradouros os casais se veem como pessoas comuns e imperfeitas que se amam sem esperar coisas impossíveis um do outro.

Depois de sentir a importância da integração masculina e feminina, jamais poderemos retornar conscientemente à condição anterior. Algo, afinal, mudou desde os últimos anos do século XX - "homens e mulheres se encontram num período de reinvenção".

No século XXI devemos nos voltar para a educação sentimental para resolver conflitos nos relacionamentos. Abaixo os contatos frios e inexpressivos de afeto! Agora almejamos ir além dos casamentos silenciosos nos quais as pessoas partilham a casa, mas não a vida.

ABRAHAM MASLOW: A fome de amor pode ser curada, entre outras faltas. A pessoa sadia pode passar com pequenas doses de manutenção de amor e até passar sem elas, e os estudos revelam que estas pessoas são os maiores amantes, no sentido do amor superior sem traços de possessividade, pois têm um sentimento de dignidade no amor que faz o outro crescer.

Nunca foi tão necessário mudanças nos padrões de relacionamentos como agora. Muitos homens ainda pensam ter maior desejo que as mulheres, e muitas mulheres ainda fingem orgasmo para manter o parceiro.

Faz tanto tempo que transamos, e saímos e entramos de relacionamentos, e as eras sempre se alternam entre tempo firme e tempestades; quem sabe um dia saberemos o que é o verdadeiro relacionamento, como é isto de viver e deixar o outro viver... As novas disposições para as relações deveriam ser sobre amor e liberdade, visto que são necessários dois seres humanos completos e livres para compor uma parceria de crescimento. Ninguém mais quer ver diminuída sua independência, adquirida a duras penas.

Já vivi relações de amor e paixão sem realização material, outras com amor e realização material e sem muita paixão, e agora sei que os três componentes fazem parte de uma relação entre iguais.

E não é que já estamos mais fortes e todas as responsabilidades pela própria vida, pelas próprias emoções, nos têm tornado melhores? É porque temos feito o melhor que podemos fazer.

Por tudo isso uma nova classe de intuitivos acredita no casamento positivo que lhes fortaleça as relações afetivas e econômicas. E esta é a classe capaz de mudar os valores vigentes. É hora de podermos ser livres para experimentar o amor total e destrancar o amor guardado e dá-lo a parceiros capazes de receber sem culpa este amor.

Assim como a Terra está dando um salto quântico para salvar a si mesma das catástrofes, nós podemos dar um salto em direção a melhores uniões neste século da informação, da tecnologia e da iluminação. É hora de redefinir o feminino e o masculino para integrá-los no amor.

Dar e receber é a lei. Ser integrado é a regra. O amor e a conexão com o parceiro é a solução de todos os problemas.

O amor cria muitos benefícios na química do corpo e proporciona mais compaixão e conexão para ambos. Como no mito de Tristão e Isolda seguimos aprendendo sobre a união fundamental do ser humano.

GOTTFRIED VON STRASSBURG: O futuro, só as estrelas conhecem, mas a taça que o presente oferece, por que não sorvê-la até o fundo?

AMBIENTE DE REI E RAINHA

Toda menina que já brincou de casinha sabe como criar o ambiente mais deslumbrantemente simples e confortável para o amor.

Hoje seguimos a decoração minimalista nos ambientes, mas também é bom nos darmos ao luxo de algum prazer especial às vezes, como arrumar uma mesa para dois com requinte, à luz de velas.

Primeiro retire a TV e os celulares do quarto do casal, que tal tecnologia não é benvinda ali, pois as interferências que a tecnologia "inteligente" provoca na emoção das pessoas interrompem o fluxo emocional próprio para a relação.

Se possível, mude os móveis de lugar, pois "os móveis insistem que não podemos mudar se eles nunca mudam". Pinte uma parede com uma cor quente. Uma parede amarela ou laranja implica na maior alegria. Pintar o mundo traz a mesma qualidade de novidade para o artista que o sexo para as parcerias de longo tempo.

ALAIN DE BOTTON: Para salvar os relacionamentos de longa data da mesmice e do tédio deveríamos aprender a ver como os artistas inventam novas cores sobre objetos banais.

Nossos parceiros são criaturas vivas e aventureiras, além de toda a rotina.

O quarto do casal pode ter indicações de sensualidade, pois deve levar em conta a finalidade de intimidade e privacidade, e pode ter som ambiente para isolar ruídos e facilitar o relaxamento. Aqueça o local, se necessário.

Enfeite o ambiente com velas, flores, pedras coloridas, para lembrar paraísos transcendentes e energias superiores. Prepare uma orgia com seu par, cubra o quarto com tapetes, lençóis e colchas coloridas aconchegantes, prepare um som para a dança, leve coquetéis, aperitivos e chocolates.

IRVING WALLACE: Aos amantes eu lego seu mundo imaginário, com qualquer coisa de que possam precisar, como as estrelas do céu, as rosas vermelhas, os doces fios da música, ou qualquer coisa que possam desejar, para revelar um ao outro a eternidade e a beleza de seu amor.

Crie um ambiente mágico de intenso deleite para o amor, como o jardim persa de prazer, o templo tântrico, ou a casa de chá das gueixas.

CÂNTICO DOS CÂNTICOS: Deixe o amado entrar neste jardim e comer seus excelentes frutos.

PROTEÇÃO E PRAZER

São utilizados muitos sensores e circuitos emocionais do cérebro na atividade sexual prazerosa, e sua proteção é garantia de serenidade.

Milhões de pessoas de idades variadas possuem vírus HIV e não sabem. De último, até alguns idosos descobriram ter o vírus porque seu parceiro não quis usar preservativo. Difícil demais uma experiência dessas, mas ainda há pessoas que não querem usar o preservativo, inconsequentemente, além da irresponsabilidade consigo mesmo e com o parceiro.

Pessoas que misturam a energia de vários parceiros, que pelo menos usem este remédio simples, porra!

Cada vez mais necessária à proteção e imprescindível em qualquer situação, a camisinha até ajuda a prolongar o tempo do orgasmo masculino, pois a proteção tira um pouco da sensibilidade iminente do pênis. Para a mulher também há vantagens, pois a proteção aumenta a sensibilidade, pelo toque da textura na pele. Além de tudo, há as vantagens da limpeza proporcionada no ato sexual.

O preservativo é o maior protetor do sexo, que diminui seus riscos e suas consequências. Além da proteção contra doenças relacionadas ao sexo, como Herpes, HPV e Sífilis, a camisinha também é um protetor seguro contra a gravidez.

Já que o aborto é um direito feminino que não é fácil de ser liberado, e considerando que para criar uma gravidez são necessários um homem e uma mulher, então por que os governos não fazem campanhas aos homens de incentivo ao uso dos preservativos, ao invés de precisar lutar pela liberação do aborto e responsabilizar apenas as mulheres?

Todos, homens e mulheres, deveriam usar sempre o preservativo e isto deveria ser um produto distribuído livremente em todos os lugares, como já existe em diversos banheiros públicos de países desenvolvidos. Quer ser desenvolvido?

9 CONSCIÊNCIA

Não se muda assim tão facilmente a consciência, desde milênios é a mesma, mas aí vão ideias de transformação para a consciência de si mesmo e além, na transcendência.

TERENCE MC KENNA: O mesmo conteúdo cerebral de uma tribo é o mesmo do cidadão comum.

A Área da Consciência trata do nosso crescimento e evolução, incluindo consciente e inconsciente. Esta área é de uma multiplicidade de conhecimentos infinita, portanto resumi aqui suas bases mais importantes para o autoconhecimento, a inteligência, a espiritualidade e a transcendência.

Consciência é um instinto que serve como instrumento de vinculação a um grupo ou sistema de sobrevivência. É um órgão de percepção que trabalha a favor de pertencer a algo.

LUIS ROJAS MARCOS: No marco de milhões de anos com que conta nossa espécie, a capacidade de ser consciente de si mesmo é relativamente nova. Nossos antepassados remotos não nos deixaram rastro escrito, mas a maioria dos especialistas concorda que, com respeito ao desenvolvimento evolutivo do cérebro humano e suas sinapses, há somente 50 mil anos se acendeu a lâmpada da consciência no cérebro humano, que permitiu a nossos parentes distantes verem a si próprios como entes diferenciados das demais criaturas.

Hoje já não somos apenas cinco sentidos, temos outras dimensões da consciência a explorar, e o conhecimento profundo exige recolhimento para que algo oculto se desvende, então aqui também trabalhamos a quietude, a intuição, a fé e a sabedoria. Desde 2012, início da Nova Era da Consciência, estamos, pela primeira vez, cientes de que nossa vida é imersa num campo de conhecimento infinito.

Na consciência os temas se interconectam, visto que é difícil separar o que é conhecimento técnico e racional de todo o conhecimento da Neurociência atual. E como cada um de nós nasce coberto de privilégios espirituais, jamais poderemos estar realmente separados de nossa espiritualidade nata. O mal não pode ser mudado, mas deve ser ultrapassado.

Nossas crenças e nossa sombra podem causar problemas, por isso é melhor estarmos cientes das reações que têm base nas crenças sombrias. Algumas crenças podem ser verdade, mas é necessário ver as implicações incutidas nos condicionamentos que as permeiam.

ASHTAR SHERAN: O processo é longo para clarear séculos de condicionamentos, mas há a ajuda para que a humanidade saia do abismo em que se encontra.

Embora a consciência seja um diferencial, temos que praticar o relaxamento mental, para sair do excesso de consciência, também prejudicial.

ROLLO MAY: A centopeia pensou tanto em qual perna deveria passar antes da outra, que terminou caindo num buraco.

Ter consciência em excesso machuca-nos nas diversas situações em que somos diferentes dos outros e reagimos mal, causando culpa. Estar alerta é como estar consciente, numa abrangência maior de perceber os fatos. Assim não se perde objetos, evita-se os condicionamentos da mente e ouve-se os outros.

Existem três tipos básicos de consciência:

• Simples - animais e humanos - percepção do ambiente e de si mesmo;

• Autoconsciência - seres humanos - consciência de se ver de fora de si mesmo;

• Consciência cósmica ou de iluminação - muito superior ao poder intelectual, união com o todo.

Este tipo de consciência que as pessoas inteligentes buscam é responsável por mudanças positivas no mundo. Mas não adianta chorar nem espernear, enquanto não descobrirmos nossa dimensão cósmica dentro de nós nada disto muda!

Toda inconsciência evolui para a consciência, mas como? Pelo conhecimento, pelo autoconhecimento e pela busca da alma, aprimorando a sabedoria, que se adquire com o tempo.

VERA LUCIA PAES DE ALMEIDA: O que a consciência conquistou está conquistado. Ninguém volta atrás na evolução.

Segundo alguns expoentes da Física Moderna, apesar de toda a nossa cultura da matéria, a matéria é mais uma consequência da consciência.

AMIT GOSWAMI: O materialismo nunca conseguiu o mistério da vida. A consciência, não a matéria, cria a vida.

O materialismo pode sair da moda. O criador da mecânica quântica diz que a matéria é uma parte ínfima do átomo.

WERNER HEISENBERG: Átomos não são coisas.

ORIGENS E EVOLUÇÃO DOS HUMANOS

BRYAN SYKES: Quando o último Neandertal morreu há 28.000 anos, só sobrou uma espécie humana para dominar o mundo - a nossa.

Partindo da minha proposição de que a evolução é a coisa mais bela do mundo, não poderia deixar de lado algo sobre a História Natural da Humanidade, da pesquisa do livro do geneticista Bryan Sykes, *As sete filhas de Eva,* sobre a idade e a origem do ser humano.

BRYAN SYKES: Os fazendeiros do Neolítico só contribuíram com um quinto dos nossos genes. Foram os caçadores do Paleolítico que criaram nossa parte gênica principal. Há uma continuidade genética entre pessoas vivas hoje e os caçadores do Paleolítico Superior.

Tanto a genética quanto o ambiente influenciam sobre as mudanças evolutivas de comportamento dos seres, mas no tempo de milhares de anos o instrumento mais importante tem sido a genética, com base nas mutações dos cromossomos mitocondriais.

Mitocôndrias são órgãos do núcleo e do citoplasma das células especialistas na produção do ATP, energia que move cada movimento e os metabolismos do corpo e os comandos cerebrais. Os cromossomos mitocondriais citoplasmáticos sofrem mutações em número muito superior às mutações dos cromossomos do núcleo das células, portanto são especiais na análise genética das mutações desde antigas eras.

BRYAN SYKES: A alta taxa de mutação do DNA mitocondrial torna as mitocôndrias do citoplasma muito mais atraentes para investigar a evolução humana.

Este importante elemento é transmitido às gerações dentro de cada célula do corpo somente pelo óvulo materno, pois o espermatozoide gasta todo seu ATP na introdução dos gametas masculinos no óvulo. O núcleo das células contém a carga genética do pai e da mãe, mas seu citoplasma contêm somente cromossomos mitocondriais da mãe.

BRYAN SYKES: Embora tanto machos quanto fêmeas tenham mitocôndrias em todas as suas células, só as mulheres passam as suas para todos.

Hoje todos concordam que a raça humana tem uma origem comum na África, pelo estudo das mutações dos cromossomos das mitocôndrias.

BRYAN SYKES: O impacto do DNA mitocondrial foi dramático para o estudo da evolução humana do *Homo erectus* para o *Homo sapiens* ou Cro-Magnon, há apenas 150.000 anos.

Segundo Sykes, o DNA é um documento escrito de nossos ancestrais, nossa conexão direta ao mais profundo passado. Em sua pesquisa, o cálcio que protege o DNA de ataques de microorganismos é presente somente em locais com abundância de cálcio, como as cavernas isentas de corrosão dos ventos e do solo ácido. Na passagem do século XX para o XXI, o exame da dentina no interior de um dente do esqueleto mais antigo das Cavernas de Chedar, na Grã-Bretanha, de onde sai o queijo do mesmo nome, propôs as conclusões intrigantes sobre a aproximada data de início dos humanos.

BRYAN SYKES: As ancestrais maternas da maioria dos europeus modernos nos passaram uma genética praticamente inalterada de geração a geração.

E assim seguimos, neste século XXI, plenos de conhecimento, nem tanto quanto gostaríamos. Gostaríamos de evoluir sempre, mas parece que às vezes nos ligamos à sombra. Será que nossa evolução depende da evolução de todos os seres humanos?

VIKTOR E.FRANKL: Eu não tenho a resposta. Mas até este momento podemos dizer apenas que estamos no caminho. Com uma vontade de sentido para a vida.

Mesmo com todo o massacre do século XX, a população cresce em quantidade, mas não em qualidade, e isto só aumenta a diferença entre mentes. A evolução sempre terá trabalho para equiparar os níveis de conhecimento e ignorância que grassam nos dois extremos da humanidade. O

DNA pode ser determinante para nossa história, mas o que conta também é o que cada um faz com ele em seu ambiente. Já que não aceito viver e morrer apenas como mente e corpo, procuro sempre descobrir mais da consciência. UNIÃO DA IRMANDADE MUNDIAL: Todos deverão fazer progressos em seus níveis de consciência. Há um enorme esforço para que todos alcancem níveis semelhantes.

CONHECIMENTO, EDUCAÇÃO E TECNOLOGIA

O estudo é um dos caminhos para a transcendência. O que hoje é comprovado, antes foi intuído e imaginado.

Nossos ancestrais, os primeiros humanos da Terra, eram sábios e detinham um conhecimento extraordinário para sua sobrevivência.

FLAMMARION: Fotografias de momentos de civilizações desaparecidas há muito são continuamente projetadas por imagens na mente dos seres humanos vivos.

Do século XX ao século XXI evoluímos muito mais que em toda a história, e para sempre, por efeito da tecnologia.

O conhecimento de hoje é centenas de vezes maior que aquele que os grandes filósofos da antiguidade possuíam, embora eles conhecessem algo além, que continua escondido da superficialidade das redes sociais de agora. E num grau de comunicação muito amplo com muita discussão, o conhecimento se popularizou e agora não é conteúdo somente de intelectuais. Esta é a hora da informação, mas ainda faltam nuances que só o conhecimento mais profundo provê.

Muito do conhecimento vem da tecnologia, por isso corre-se o risco de se utilizar os dispositivos em excesso; o comportamento tecnológico compulsivo já é objeto de pesquisa. Já notamos a desatenção, problemas de relacionamento e falta de produtividade por conta do tempo gasto nas redes. O outro lado disto é que a tecnologia possibilita que o conhecimento seja ampliado em todos os níveis e com maior facilidade de comunicação. Mudamos mais nas últimas décadas que em todos os séculos somados. Vemos agora a clarificação de todas as notícias.

Nas escolas o excesso tecnológico pode afetar a memória e o raciocínio das crianças. Segundo os especialistas da "Less Tech Schools", se uma criança para uma atividade e se volta para a tecnologia, quando retorna à atividade anterior tem dificuldade de continuar o que estava fazendo. E jamais uma criança consegue prestar atenção no telefone e na aula ao mesmo tempo. E nas escolas em que houve o retorno à prática da caligrafia melhoraram o rendimento, a memorização e a criatividade.

Conhecimento não significa sabedoria, mas para a consciência tudo se inclui. Quando tomamos conhecimento de algo, criamos um alargamento em nossa consciência.

JOHN NAISBITT: Estamos nos afogando em informação, mas sedentos de conhecimento.

A sede de conhecimento traduz a vontade de ir além do conhecimento. Adorável é ter o conhecimento e depois ultrapassar o conhecimento, conforme o praticamos.

HUMBERTO MATURANA, FRANCISCO VARELA: A responsabilidade de conhecer é evidente, pois ao saber que sabemos não podemos mais negar que sabemos.

Para estes autores, evitamos contribuir para formar o mundo em que existimos e estamos cegos diante desta transcendência de nossa ação. As universidades permanecem desinteressadas em treinar os estudantes em sabedoria, e os currículos ainda têm muita importância.

ALAIN DE BOTTON: A educação secular deveria redesenhar seus currículos para estabelecer uma ligação direta com nossos dilemas pessoais e éticos.

Não somente nas universidades, desde cedo os estudantes são treinados para pensar de modo padrão em vez de pensarem por eles mesmos.

CAMILLE PAGLIA: Jovens alunos são treinados para desligar da faculdade de pensamento e ter aceitação passiva de todas as culturas e comportamentos, sem acesso aos problemas reais do mundo.

Há quem diga que a humanidade já teve momentos iluminados nos séculos anteriores a estes da alta tecnologia e da informatose, a patologia da informação tecnológica. Cientistas afirmam que a tecnologia tanto pode ser considerada um avanço ao conhecimento quanto pode causar a destruição das espécies num futuro não muito distante, a exemplo do que já aconteceu antes com a extinção dos dinossauros. Bem, não podemos viver sem esta ferramenta, pois temos ganhado conhecimento e experiência de uma infinita diversidade.

Apesar de haver alguma falsa exposição de perfis nas redes, cada explorador aprende e descobre continuamente.

PIERRE LÉVY: A rede é o meio onde a inteligência coletiva acontece. O coletivo inteligente está aberto a outros membros e novos aprendizados. Ele é o que ele sabe.

Sabemos que não sabemos, nunca poderemos saber tudo sobre tudo...

DANAH ZOHAR, IAN MARSHALL: O Princípio da Incerteza questiona nossa capacidade de jamais conhecer algo absolutamente. O conhecimento, diz Heisenberg, é sempre limitado, pois a realidade quântica encerra uma infinidade de expressões possíveis, todas válidas.

A era da informação levada a níveis exponenciais em questão de poucos anos tem que ser reembasada pela educação e pela criatividade.

ETHEVALDO SIQUEIRA: O futuro do conhecimento está na criação artística e intelectual por trás da máquina, pois toda a produção de serviços será feita por robôs.

A consciência, a imaginação, maior atividade cognitiva, o comportamento e as emoções não serão copiados por um robô. Por enquanto.

INTELIGÊNCIA E NEUROCIÊNCIA

EINSTEIN: Não sou mais inteligente que ninguém; apenas passo mais tempo com os problemas.

Existem duas funções psíquicas principais: o afeto e a inteligência. O afeto é a base dos relacionamentos; inteligência é a facilidade de resolver problemas de improviso e capacidade de compreender o texto e o contexto do que nos rodeia.

Nossa estrutura nervosa biológica tem capacidade de absorver o maior número de conhecimento e abarcar vários tipos de conceitos sobre temas diversificados.

As possibilidades de atuação da inteligência, segundo Howard Gardner, são as inteligências: linguística, matemática, espacial, musical, cinestésica, naturalista, existencial e pessoal, divididas em: interpessoais - compreender os outros - e intrapessoais - compreender a si mesmo. Todas estas inteligências funcionam em conjunto e todas as pessoas têm mais de uma em evidência.

PAUL D. MACLEAN: Há três unidades funcionais cerebrais:

- Reptiliano: funcionamento básico como o dos répteis; reflexos simples e regulações de fome, sono;
- Sistema Límbico: cérebro emocional da maioria dos mamíferos; luta, fuga, dor e prazer;
- Neocórtex: racional; sentimentos, criatividade; diferencia o ser humano dos outros seres.

O principal meio de funcionamento da inteligência está nas pontes de contato dos neurônios. A descarga elétrica em seus axônios provoca o funcionamento dos neurônios pelo transporte de substâncias liberadas ou recolhidas nos terminais dendríticos, verdadeiras pontes.

HUMBERTO MATURANA, FRANCISCO VARELA: A rede de conexões neuronais que constitui o Sistema Nervoso forma uma teia interativa com configuração muito variada. São tantos neurônios, que a combinação de interações possíveis é mais do que astronômica. Em cada árvore dendrítica de cada neurônio há muitos milhares de terminações sinápticas de centenas de neurônios diferentes. Uma quantidade praticamente ilimitada de estados e comportamentos possíveis.

Com o aprofundamento do estudo do comportamento e do cérebro, hoje sabemos que além da inteligência racional medida pelo QI, temos uma inteligência emocional e outra mais profunda, da alma transcendente, que cria e transforma as duas anteriores.

AUTOCONHECIMENTO, SOMBRA E LUZ

J. R. R. TOLKIEN: A estrada continua sempre, para sempre, desde a porta onde começou.

Qual o propósito de sua encarnação?

RAMANA MAHARSHI: Pela investigação da natureza do eu, o eu desaparece e disso resulta o Ser Absoluto, nosso estado mais natural.

Se você evolui, o mundo evolui. Ao evoluir você já está numa vibração energética mais elevada, e tanto as provas quanto as perspectivas serão mais intensas.

Autoconhecimento é um serviço interminável, e a partir do momento em que entramos neste caminho não tem volta, só saídas que criamos para resolver tudo. Esta é a prática de uma vida inteira, quem sabe eu chegue à velhice mais sábia e conhecedora de meu ego, de minha mente, das emoções e das paixões.

A totalidade do ser consiste no Sistema Nervoso e no grau de conhecimento de si mesmo e da qualidade do ambiente circundante. A sobrevivência e desenvolvimento do indivíduo dependem da adaptação deste sistema ao meio. Nosso comportamento depende da estrutura do nosso Sistema Nervoso em expandir o domínio da realidade, com sua virtude de ser plástico e versátil. É necessário expandir a capacidade do Sistema Nervoso, aprendendo coisas novas e vivendo o desconhecido.

Para crescer e ter sabedoria não podemos evitar os percalços da nossa sombra, que é o meio que temos para transformar o que não deu certo. Nós precisamos de nosso lado obscuro como o yang precisa do yin, para encontrar o crescimento em nossa vida evolutiva.

A sombra é quem sempre dá desculpas e justificativas. É a principal criadora de problemas e fonte de desafios a serem enfrentados. Ultrapassar a sombra é um modo de criar força interior.

GRÄF DURCKHEIM: Um caminho para a luz que queira evitar a sombra se arrisca a ser um caminho de ilusão. Nesse caso a sombra não será transformada.

Que jeito mais duro de saber que errei, que eu não era tão perfeita como pretendia e que meu lado sombra, que antes era escondido, ficou evidenciado.

MARIANNE WILLIAMSON: A sombra nos leva a fazer algo imbecil e depois nos pune terrivelmente por termos sido tão tolos.

Nosso lado sombra pode se manifestar contra os outros ou contra nós mesmos. As escolhas desastrosas que fazemos são parte da sombra. Ao tomar consciência disto começamos a nos desvencilhar dela.

DEEPAK CHOPRA: Se seus amigos, ou o inconsciente coletivo, ou sua formação familiar e biológica permitirem, você terá uma saúde física e mental equilibrada. Mas acima de tudo o contágio social vem definindo moda e comportamento há muito tempo. A sombra é um projeto compartilhado, mas cada um precisa ver seu lado sombrio, coletivo ou individual, para chegar a ser quem é.

A sombra é mais perigosa se a mantivermos trancada no porão escuro da repressão. A solução é revelar aquilo que aprendemos a reprimir. Ao parar o julgamento do mundo, estaremos saindo razoavelmente bem da dualidade bem e mal da sombra.

O ego é a personalidade que permanece patinando na sombra. Há quem pense que o ego deve morrer, mas para Jung, Maslow e outros especialistas o ego deve ser aceito e trabalhado na individuação. E a partir disto, o indivíduo integrado pode atuar pelo bem coletivo.

ABRAHAM MASLOW: A maior evolução é integrar o ego ao nosso Ser, nosso valor interno.

Nos doze passos dos Alcoólicos Anônimos, as pessoas veem a vida como um processo a ser compreendido além dos vícios. Nossos vícios mais profundos e autossabotadores podem ser transformados. Sair da sombra e dos dramas de controle do ego é criar força.

JAMES REDFIELD: Os agentes dos dramas de controle devem tentar soluções relacionadas a elas:

- Intimidadores tentam controlar a todos: devem aprender que a cooperação é a solução;
- Interrogadores, os donos da verdade: devem ver a verdade dos outros e que não há verdades;
- Distantes, se afastam e não pedem ajuda: pedir ajuda é incluir a outra pessoa na solução.

É preciso uma âncora vibracional: não focar nas pessoas, focar no interior de si mesmo.

MENTE, DISTRAÇÃO E SEPARAÇÃO

A mente é capaz de criar o mais maravilhoso e também inúmeros distúrbios. Em seu aspecto positivo a mente é o mensageiro de nossas criações e pode ser inspirada no amor, na beleza e na verdade. Para os aspectos negativos, pare e se lembre da experiência mais agradável que tenha vivido ultimamente.

AMIT GOSWAMI: A mente quântica tem a possibilidade de dar um salto quântico.

Vistos a partir da consciência os sofrimentos podem se tornar nulos e sem razão. Embora a mente seja uma pequena parte da consciência, vale o estudo da mente para mudarmos pensamentos que nos causam más emoções.

LAWRENCE J. BENDIT: Renunciar aos conteúdos da mente acumulados por uma eternidade é o caminho para se libertar da roda do renascimento e do carma.

A aceitação é o ato mágico que dissolve os obstáculos. Para aceitar a vida podemos começar por ter controle sobre a mente e fazer disto um altar para rezar a todo instante: "orai e vigiai." Como será bom deletar pensamentos um dia!

A mente faz par com o ego e age conforme a estrutura de consciência de cada ser humano. Na atual crise de ansiedade da sociedade a mente se envolve nas crises. E ao alimentar crises, a mente sofre a falta de atenção que causa problemas no dia a dia, como não prestar atenção no trânsito, não ouvir pessoas e se esquecer de compromissos.

Governos autoritários manipulam o povo pela montanha de informações que enchem a mente das pessoas para não haver espaço para a atenção. A distração é um dos princípios dos ditadores.

HUMBERTO MATURANA, FRANCISCO VARELA: Na nossa visão de mundo e de nós mesmos não vemos que não vemos, não percebemos que ignoramos, a não ser quando nos permitimos refletir.

A mente nos ajuda a ficar no presente e atentos aos fatos, mas as pessoas estão desatentas em momentos porque a cabeça está cheia das outras coisas. Muita informação da mídia, que é múltipla de interpretações, mais o hábito nocivo de se perder em mensagens de celulares que interferem no pensamento e no trabalho, tudo que acaba por tirar a concentração. As pessoas se importam demais com tudo e com todos e se esquecem de si mesmas.

O estresse e a preocupação são vilões que nos tiram do presente e nos causam esquecimento nas ações. A falta de consciência ou quando "dá branco" são sinais do desequilíbrio atual. Com a perda da atenção podemos perder objetos, esquecer compromissos, prazos, tropeçar, cair, perder o foco, e atravessar o sinal fechado. O caminho é ficar no agora e prestar atenção ao nosso redor, ouvir melhor o que o outro diz, mesmo que alguns só falem de si mesmos e só contem histórias ocorridas consigo, sem ouvir ninguém.

Para treinar a mente para ter mais atenção, podemos escrever lembretes de coisas a cumprir, fazer palavras cruzadas, estudar línguas, fazer novos amigos, aprender sempre e procurar ter mais prazer e gratificação. Com os perigos de demência que rondam a mente, só o que se pode fazer é treiná-la com a prática e a atenção em todas as ações. Meditar - a prática fornece a atenção necessária. Talvez esta seja a maior contribuição do Oriente ao Ocidente.

TERENCE MC KENNA: Para sair da mente e dos sentidos feche os olhos e fixe o olhar na superfície interna de suas pálpebras. Relaxe.

Fazemos parte holograficamente de uma grande teia de energias, tão diversas quanto o número de combinações de consciências. Não há separação entre nós e a realidade, estamos todos em unidade com o universo, somos o universo, portanto somos todos unidos na mesma energia.

Quem se acha o centro do universo contribui para o maior sentimento de separação existente.

Para sair da separação, devemos ir para a unidade. Para viver a unidade, devemos encontrar a unidade dentro de nós, e para isso devemos nos mostrar ao mundo como somos.

Os cinco sentidos são nossa parte mais ligada ao exterior, mas nos causam separação, e devem ser complementados pela ação interior da consciência. Na mais profunda parte de nós mesmos estamos todos conectados ao todo. Nosso cérebro consegue absorver muito mais do que nós captamos com nossos meros sentidos.

No campo unificado de elétrons potenciais de que é feito todo o universo e de que nós somos feitos tudo está em conexão em múltiplas possibilidades.

JULIE SOSKIN: Quando a pessoa procura ou já está a caminho da unidade mística, possui a ampliação da consciência e pode se identificar com alguns aspectos:

• Em momentos de crise divisa uma esperança de crescimento; sabe que sempre há um toque do universo, de alguém, para redirecionar para o belo, o positivo e a solução, quando tudo parece perdido;

• a pessoa mantém sua própria verdade, mesmo que haja discordância com os outros; inclusive ela pode tomar direções diferentes de todos;

• a pessoa consegue ter força para continuar, mesmo após grandes decepções; mesmo nos momentos difíceis consegue se divertir e celebrar.

Em várias manhãs, justo ao despertar, podem vir ideias espetaculares, canalizações de alta criatividade.

KEN WILBER: Talvez possamos intuir diretamente da mente de algum espírito eterno que sussurre amorosamente no nosso ouvido, para nunca esquecermos o bem, o verdadeiro e o belo.

JULGAMENTOS, PRECONCEITOS E PERDÃO

Os preconceitos nos tornam menores do que somos.

Livre-se dos julgamentos e da não aceitação do mundo.

CONSELHO DOS NOVE: Não julgue, não reaja, tenha compaixão. Você não está aqui para salvar ninguém.

Quem quer ter livre pensar deve rever as críticas, os julgamentos e os preconceitos. Tudo isto são aspectos emocionais e racionais construídos ao longo da nossa formação cultural, que podem e devem ser mudados.

H. M. TOMLISON: Vemos as coisas, não como são, mas sim como somos.

O conjunto da moralidade é relativo a cada povo, e cada cultura tem moral e julgamentos às vezes opostos aos nossos, veja, por exemplo, as diferenças no trato com os mortos em várias partes do mundo. Com tanta diversidade, ficaríamos loucos se criticássemos cada costume diferente do nosso!

O preconceito é uma falta de respeito com a moral alheia. Você não pode fazer nada contra os casais diferentes que estão na rua hoje, ou contra os que gostam de tirar a roupa e tomar sol no corpo todo, ou contra as mulheres que se vestem com roupas sensuais, e até quanto ao maiores julgamentos, o racismo e a misoginia, pois você nada pode contra quem tem pele de cor diferente ou sexo diferente do seu. Perversidades são cometidas por pessoas que pensam ser melhores que outras.

Quando vemos uma pessoa em um contexto mais amplo, observamos que suas más ações decorrem de outras tramas. Quem julga acha que sabe o que acontece com ela. Você nunca saberá a história completa por detrás dos comportamentos, viva e deixe viver!

Se formos insultados por alguém, podemos ficar no "cadê boca pra responder" ou podemos reagir na mesma proporção vingativa - das duas formas acabamos ofendidos pelo reflexo do que isto nos causa. Seríamos mais felizes se agíssemos fora da emoção, sem levar para o lado pessoal, demonstrando um desapego do ego. A verdadeira liberdade é deixar a vida ser o que é nas várias formas em que se apresentar. Depois que descobri ser imperfeita por meu próprio julgamento e pelo julgamento dos outros, isto acalmou uma exigência natural de ter que sempre fazer tudo certinho.

BRENÉ BROWN: Durante o colapso conquistei permissão para desmoronar e ser imperfeita.

Até há pouco estávamos limitados pelo "politicamente correto" em rótulos e clichês, e os debates simplificavam tudo nas polaridades certo e errado, sendo que o errado era prontamente descartado, como se não houvessem soluções fora das duas interpretações.

Nestes tempos ambíguos havia certo cuidado em se discutir temas não comuns à maioria. Isto aumentou os julgamentos e muitas coisas ainda agora expressam falta de repertório e poucas possibilidades de desenvolvimento dos temas.

LUIZ FELIPE PONDÉ: O politicamente correto tira a liberdade dos estudantes e restringe o debate.

Criou-se a polarização de pessoas em bolhas de identificação de posicionamentos. Porém é preciso estar além das polarizações e aprofundar o debate - não somos bolhas, abaixo as bolhas!

CONTARDO CALLIGARIS: O distúrbio da bolha é que ela pode interferir nas decisões.

Pense em soluções para o mundo! Nada é só certo, nada é só errado, não podemos seguir generalizando nem rotulando o indivíduo. Deus disse para deixarmos para Ele os julgamentos e as compensações dos erros.

DANTE ALIGHIERI: Não te agastes! Isto já foi decidido lá onde Quem pode ordena. Portanto, não fazes mais perguntas!

Deixe para Deus que julgue e que perdoe. Ele perdoa através de você, quando você O permite. A energia divina não pode circular, a não ser que nós mesmos estejamos abertos a essa energia.

BERT HELLINGER: O perdão não nos pertence, o perdão é divino. O eu não pode perdoar, a não ser quando se abre para algo maior.

A única liberdade dos julgamentos e preconceitos é se entregar para a vida, que cuida, acolhe e soluciona. Desapegue deste mal.

Podemos, por nós mesmos, limpar nossa emoção ligada aos fatos e atos. Basta ir para um lugar isolado e gritar, ou gritar dentro do carro com os vidros fechados, ou escrever, ou esmurrar uma almofada, para jogar fora as emoções relacionadas. E se depois da crise, se mesmo assim a tristeza aflorar, podemos ver a beleza de uma tristeza que resta.

LUIZ FELIPE PONDÉ: Quem chora, chora as lágrimas de quem não chorou. Os romances trágicos servem a este fim.

Ainda vou me perdoar por não ter o que quero, pois ninguém tem; só porque não tive sorte com alguns desejos na vida... Mas, calma, ainda não morri. Não desisto!

Das grandes tragédias da humanidade, dos livros dramáticos e dos dramas no cinema, a emoção que resta é a perseverança corajosa. Só sobrevivem os heróis, estes seres transcendentes.

EMOÇÕES, DEIXE QUE PASSEM

É tristeza. Vai passar.

Durante milênios a emoção foi a única forma de comunicação, e na falta de uma reação intelectual, tudo o que se podia fazer era lutar ou fugir. A emoção era o que possibilitava agir rápido o suficiente para sobreviver aos ataques, bem mais rapidamente que os pensamentos.

ANTHONY ROBBINS: Há séculos que o ser humano é fascinado por maneiras de alterar seus estados emocionais. Nesta tentativa ele já tentou jejum, rituais, sexo, drogas e música, entre outros.

Se você não se esforça um pouco, as emoções vão ficando grudadas como cola no seu ser. Nossa função consciente, então, é aceitar a emoção e deixar que ela passe. A paixão, o estresse crônico, a privação e a opressão podem afetar o funcionamento do cérebro. É necessário aprender a transformar os impulsos da incompreensão dos fatos. Não podemos deixar que as emoções fortes nos dominem, deixemos que passem.

MARTIN SELIGMAN: O maior salto para eu mudar a mim mesmo foi minha filha de cinco anos me contar que ela mudou radicalmente de ser uma menina chorona para não chorar mais. Disse-me ela: não foi fácil para mim esta mudança, por isso acho que você também pode deixar de ser tão rabugento!

Depois de ultrapassar muitas provas, depois de chorar e espernear de raiva, um dia você chora sem razão ou por qualquer bobagem. Este choro sem razão é bom e ativa hormônios benéficos à saúde.

Os estados de espírito neutros servem para calcular e planejar metas específicas, e os estados de espírito positivos são úteis para o amor, para as artes e para a criatividade. Você não está triste nem alegre quando está apenas fluindo no presente.

A emoção nula é nefasta em situações extremas como dramas ou mesmo situações de êxtase e felicidade, pois viver tais fatos à margem da emoção não é viver.

As mulheres adoram sentir emoções fortes e os homens fogem disto. Mas se o turbilhão de emoções em excesso é ruim, a frieza de emoções causa desastres nas relações. O melhor é ir além da emoção nula, devemos procurar a neutralização das emoções comuns, sem impor-lhes qualidade negativa, nula ou positiva, e vê-las como coisas que entram e saem. Nada é mais só positivo ou só negativo; tudo é neutro na unidade. Nós é que colocamos a emoção e estragamos certas situações.

Emoções podem ser primárias: tristeza, alegria, medo e raiva. Emoções secundárias são as primárias que se demoram em sair: o ódio, o pânico, a depressão e o ressentimento.

BERT HELLINGER: O luto saudável acontece durante um tempo, e o luto secundário pode durar toda a vida; o medo primário pode ser defesa contra catástrofes, o medo secundário é crônico e causa o pânico; a raiva primária é a reação natural do momento, a raiva secundária é o ressentimento; a tristeza e o choro são cura para certas situações, mas a depressão contínua traz todos os problemas já conhecidos.

Não se fixe nas emoções difíceis. Tanta raiva e tantas coisas ruins foram postas em nós próprios até que cresçamos e percebamos que não somos isto e que não há nada que seja forte o suficiente para nos tirar do sério. Mesmo as doenças, se forem graves podem ser tratadas de várias formas, e se não forem graves, serão passageiras.

CLARISSA PINKOLA ESTÉS: Quando estamos atordoados ou apaixonados não devemos tomar decisões.

Você não pode agradar a todos, desista.

BUDA: Nossos problemas se originam dos aspectos ligados a elogio e culpa, prazer e dor, fama e vergonha e perda e ganho.

Emoções positivas desfazem as emoções negativas. A coragem é a contrapartida positiva do medo. Deveríamos penetrar a floresta para treinar coragem, mas por ora podemos treinar pequenos atos heroicos, como agir na dor, caminhar nas ruas com a insegurança do momento, ou começar algo.

Vaidade, narcisismo, orgulho, superproteção dos pais e necessidade de elogios são inimigos da coragem para agir e mudar. Escreva sobre isto para clarear a emoção. Se você põe para fora a emoção, ela se limpa e passa.

As catarses, a meditação, as caminhadas, conversas mais profundas e o sexo são técnicas transformadoras. A arte em geral muda a emoção, e a música é especial para isso. Os Florais e a Homeopatia também são indicados para tratar o emocional e têm ajudado a mudar velhas crenças.

GREG BRADEN: As emoções e os sentimentos negativos devem ser vistos como algo fora de nós, e o único a fazer é deixa-los passar.

A alegria é a maior emoção que une a todos. Se quiser alegrar uma pessoa triste, "enrole-a numa mantinha, sente-a no sofá rodeada de guloseimas e passe os filmes preferidos dela".

RESILIÊNCIA APÓS AS CRISES
EUCLIDES DA CUNHA: Foi um mal.

Da Mecânica veio a *resiliência* para a possibilidade das coisas e das pessoas voltarem ao normal após um grande drama.

Nem tudo é o que parece, nem tudo é justo na terra, portanto vale ter uma segunda visão sobre tudo. No longo caminho para a libertação passamos pela provação para acordar nossa consciência.

DOLORES CANNON: A Terra é a escola mais difícil e apenas as almas valentes aceitam estas tribulações.

A vida pode ser trágica ou mágica, depende de seguirmos ou não algumas ideias loucas que batem à nossa porta. Não podemos evitar certos acidentes.

VIVIANE MOSÉ: Quando a vida está acomodadinha eu sempre procuro um abismo para pular.

Cada um deve ultrapassar provas até ultrapassar as barreiras estruturais de si mesmo. Às vezes a gente se atropela e entra no drama, mesmo que seja para fazer coisas que não quer fazer...

ZIBIA GASPARETTO: Alguns precisam de um choque traumático, desses que a vida é mestre em aplicar, quando demoramos demais em seguir adiante.

Não é necessário sofrer, mas a maioria não sabe crescer sem sofrimento. Parece que o valor da felicidade está no pós-sofrimento e na mudança que vem disto. O problema é tornar-se arrogante por ter passado por diversas agruras e se achar muito importante porque Deus já quase o matou nas tragédias.

WEI WU WEI: Sofreis por vós mesmos, ninguém vos obriga.

Após uma crise, o único pecado é blindar o coração, quando a pessoa se acha proibida de viver e para no tempo. Ficar na dor tem um quê de comodismo mórbido. O que nos empurra de fato é dizer sim à vida. Quem não entende isto gastará cotas de tempo, até descobrir a inutilidade da dor.

A tragédia é um carimbo, uma vacina, uma catástrofe considerável que muda tudo. Mas não importa quanto agudo tenha sido o estresse, se o corpo reage ele voltará ao equilíbrio.

JEAN-YVES LELOUP: Em alguns momentos é-nos dada a oportunidade de dançarmos em cima dos escombros.

Na vida há fases de maior liberação e as de maior contrição, quando é importante esfacelar ilusões e sair das máscaras de vítima ou culpado. Ser vítima ou culpado, oh dúvida cruel! Quando você está hipnotizado, todas as ações são irresponsáveis, e quando chegar à consciência se arrependerá. Se o arrependimento vier do coração, ele o purificará.

DEEPAK CHOPRA: Simultaneamente há três forças: criação, manutenção e destruição em todos os aspectos.

Quem já chorou em voz alta com ninguém para lhe consolar e chorou até cansar, ou até que viesse em seu socorro um santo, sabe que tudo passa, mesmo o maior pranto. Se você for capaz de esperar com paciência, na "hora escura da alma" uma melodia celestial vai te salvar.

ROBERT A. JOHNSON: Fausto é torturado por sua sombra e se dispõe ao suicídio. Quando está para ingerir o veneno, ouve o coro celestial que o faz esquecer tudo e partir para um novo entendimento. Ele põe o veneno de lado e vai para a multidão dançar com o povo. Põe-se a dançar com uma camponesa, aceita uma caneca de cerveja e liga-se ao mundo do qual há pouco se sentia tão isolado.

Dentro da psique de uma pessoa existe algo que cura, e quando ferida, ela se torna cheia de recursos desta cura, num modo transcendente de se ajudar. Algum filamento gerador de vida se move vibrantemente em direção à nova vida.

CLARISSA PINKOLA ESTÉS: Mesmo quando cercada de apatia e indiferença, mesmo que a carapaça tenha sido partida e destruída, a partir do espaço vazio, em qualquer condição, quem poderá avaliar que grande vida poderá brotar de seus cortes e ferimentos, pois, por mais que tenha sofrido mutilações profundas, sua raiz radiante ainda está viva, sempre produzindo, à procura de vida significativa. Ninguém poderá matar nosso broto dourado renascedor!

E se alguém em algum momento se sentir ofendido, é porque um dia, em algum lugar, alguma pessoa cometeu uma falha. Por esta razão, sempre haverá uma segunda chance.

ISTO TAMBÉM PASSARÁ

Nunca, jamais e para sempre são palavras irremediáveis. Tudo passará e chegará um dia em que nos surpreenderemos ao percebermos que o presente é o que pensávamos antes.

Tempos passados houve um rei sábio e bom que já se encontrava no fim da vida. Certo dia, pressentindo a chegada da morte, chamou seu único filho, que o sucederia no trono, tirou do dedo um anel e deu-o a ele dizendo: "Meu filho, quando fores rei, leva sempre contigo este anel. Nele há uma inscrição. Quando estiveres vivendo situações extremas de glória ou de dor, tira-o e lê o que há nele". E o rei morreu, e seu filho passou a reinar em seu lugar, sempre usando o anel que o pai lhe deixara. Passado algum tempo, surgiram conflitos com um reino vizinho, que acabaram culminando numa terrível guerra. O jovem rei, à frente do seu exército, partiu para enfrentar o inimigo. No auge da batalha, quando seus companheiros lutavam bravamente, mortos e feridos, com tristeza e dor, lembra-se do anel, tira-o e lê a inscrição: "Isto também passará". E a luta continua, perde batalhas, vence outras e ao final sai vitorioso. Retorna, então, ao seu reino e, coberto de glória, entra em triunfo na cidade. O povo o aclama, e neste momento ele se lembra do seu velho pai. Tira o anel e lê: "Isto também passará".

CICLOS DE TEMPO

O tempo pode ser demorado ou breve.

Compreende o aqui e o agora e compreenderás tudo.

Através do tempo vivemos para chegar àquilo que somos de verdade.

JOSÉ SARAMAGO: Não tenhamos pressa, mas não percamos tempo.

Ou é muito cedo... Ou é muito tarde... O tempo é uma ilusão, pois seguimos vivendo eternamente no presente.

EMILY DICKINSON: Para sempre é feito de agoras.

É como o tempo de fazer um ovo quente: esperar a água ferver e contar três minutos para desligar o fogo.

CARLOS DRUMMOND DE ANDRADE: Tempo disto, tempo daquilo, falta o tempo de nada.

Um ano-luz é a distância que um raio de luz percorre em um ano na velocidade constante de 300.000km/s - é muito segundo e muitos quilômetros para um ano só!

EINSTEIN: Pensar no espaço-tempo é coisa que as crianças fazem e os adultos esquecem. Eu só cheguei à Teoria da Relatividade por pensar no espaço-tempo depois de grande.

Viver esperando pelo tempo que retorne não nos serve; como o personagem de uma parábola oriental, que havia visto o trem parar na estação de seu minúsculo povoado uma vez e ficara tão maravilhado com isto, que passou a vida inteira esperando que ele parasse de novo. Pouco antes de morrer, ele teve o insight - uau! Devia ter vivido plenamente a vida, ao invés de esperar...

Dois problemas em relação ao tempo: espera e prazos. Os prazos rígidos matam a criatividade, mas o que desgasta mesmo é ficar esperando por uma solução. Um tempo longo de provações é difícil, porém não há dor eterna - isto também passará.

Somos descendentes de ancestrais que retrocedem no tempo em milhões de anos. Vivemos com seus genes nesta cadeia sequencial. Somos menos que um grão de poeira no infinito de estrelas, mas vivemos em função do tempo e damos graças a ele.

NIETZSCHE: Há os parecidos com relógios de repetição aos quais se deu corda - fazem tique-taque e querem que o tique-taque se chame virtude.

O tempo nunca volta igual, mas pode repetir de forma semelhante uma situação.

MIRCEA ELIADE: O tempo cíclico envolve a criação e a destruição, e a recriação, numa repetição eterna do ritmo fundamental do cosmo.

Observe aquilo que se repete que pode voltar para ser trabalhado. Nada será como planejamos, porém, no tempo cíclico as coisas podem retornar diferentes, como as estações do ano, as mesmas e diferentes a cada vez.

ANDRÉ GIDE: Cada onda deve a beleza de sua curva à retirada da que a precede, que cada flor tem o dever de murchar para seu fruto, que este, se não cair e morrer, não poderá assegurar novas florações, de maneira que a própria primavera se apoia à soleira do inverno.

Depois de um longo tempo de exílio e isolamento espero que o tempo cíclico retorne, e já transgredi regras para isso.

Na escassez de tempo o tempo urge, e isto parece o objetivo de certas pessoas, de se mostrarem em eterna correria, mesmo que ela seja causadora de estresse. Seguimos lutando com as coisas temporárias da vida, mas até o temporário pode durar muito tempo. Administre seu tempo, dizem os meteorologistas.

JEAN DE LA FONTAINE: A lebre apostou que ganhava uma corrida da tartaruga, mas correu tanto que ficou cansada e dormiu. Quando acordou, continuou correndo, com ares de vencedora, mas para sua surpresa a tartaruga, que não descansara um só minuto, já havia cruzado a linha de chegada em primeiro lugar. Moral da história: ao contrário do que muitos pensam e correm, devagar se vai ao longe.

NÃO OLHE PARA TRÁS

C.G.JUNG: Ninguém resolve conflitos; apenas os deixamos para trás e evoluímos.

Você não pode fazer com que desaconteça.

HOONOPONO: Sinto muito, vida, me perdoe. Eu te amo e agradeço.

O tratamento básico é limpar as emoções e praticar o esquecimento para voltar ao tempo presente. A vida acontece no presente e velhas histórias devem ser reavaliadas. Quanto mais você fizer escolhas livres de crenças do passado, mais você estará atuando espontaneamente através de sua essência. Os fatos do passado devem servir apenas como experiência e aprendizado.

ROLLO MAY: Nós somos a geração que não pode voltar atrás. A única opção é avançar para algo melhor.

Não podemos continuar acreditando que o passado tem influência no futuro, nem tampouco como as terapias que tratavam traumas de infância no século XX.

MARTIN SELIGMAN: A importância dada aos acontecimentos da infância é exagerada e o passado é superestimado. Não existem evidências de grandes efeitos dos eventos infantis na personalidade adulta. Não há razão evidente em terapia para se culpar os acontecimentos da infância, como maus-tratos, abandono ou abuso sexual.

Os genes têm maior influência na personalidade adulta que os acontecimentos de infância. Na derrubada de muitos dogmas e paradigmas não vale continuar aprisionado pelos eventos desagradáveis de nossa história.

MARTIN SELIGMAN: Causa um efeito libertador o simples fato de saber que os acontecimentos do passado exercem pouca ou nenhuma influência sobre a vida adulta, e se você é daqueles que buscam um futuro feliz, tem todas as razões para se livrar desta ideia.

A experiência é uma qualidade enriquecedora quando você deixa o passado para trás. Você sempre conseguirá sobreviver às perdas, porque a vida inclui perdas. Desapegue de suas memórias de dificuldades e de rejeições do passado.

MARTHA MEDEIROS: Um dia a gente acorda, os livros nos acordam, um anjo nos acorda e somos avisados: não adianta mais olhar para trás. É ir em frente ou nada.

O modelo antigo de vida acabou. Esqueça a culpa, o carma e os dogmas! Deixe em paz o que passou. Você tem uma história e sua história é importante, mas história não é destino. Você não estava tão pronto quanto hoje quando agiu "erradamente". Cada etapa ultrapassada é etapa vencida.

DEEPAK CHOPRA: Largue o passado. Deixe de ser prisioneiro do passado para ser pioneiro do futuro.

O passado um dia o liberta e você voa livre.

JAMES REDFIELD: Não há como mudar o passado, só mudar o que sinto pelo que passou.

Passado, deixe-o queimar. Já me afundei entregando amor para uma parede e aprendi que só quando me libertasse da emoção ligada aos fatos poderia sentir alegria novamente.

PIERRE BOILEAU: E aqui estou eu, perdido em minhas catacumbas...

Que lembrança do seu passado você escolhe: ser vítima, dependente ou ver a melhor lembrança, que você sobreviveu e está aqui para seguir? Você chegou aqui e as coisas já estão mais claras e menos negativas do que antes.

PIERRE BOILEAU: Depois de tudo, tranquei a porta do antigamente.

Passado: agradecer o bom; mudar a memória do mal.

Pensar no passado distante é uma forma de veneração, nós, que já estivemos adorando bichos empalhados e embrulhados em tecidos de ouro. Os objetos não são inanimados e mortos, eles estão impregnados de memórias. Veja o passado dos objetos de sua casa - ou você os ama ou desfaça-se deles. Limpe também seu computador e seus cadernos de velhas imagens e velhos pensamentos. Seguindo a Lei do Desapego, lembre-se das pessoas que já fizeram parte de sua vida. Alguns morreram, outros se afastaram. Adote a força do distanciamento para honrar o esquecimento.

Às vezes é preciso quebrar para consertar, raspar para restaurar, cortar para reintegrar. Porém, nada morre, nunca, na mente; todas as lembranças estão ali entre bilhões de neurônios, prontas para ressurgir, como do nada, ao som da melodia de um realejo num dia qualquer, num lugar qualquer, naturalmente. Seja gentil com as lembranças.

O FUTURO E A MORTE

MACHADO DE ASSIS: Está morto. Vamos elogiá-lo.

A finalidade maior da morte é a libertação das ilusões e o desapego das memórias contidas no código genético em milhões de anos de história da humanidade.

CLAUDIA BURLA: Pensar na morte parece um tema difícil. Mas nós, que já vivemos a morte de entes queridos, queremos pensar na morte.

A morte é o maior rito de passagem.

VIKTOR FRANKL: Na morte tudo o que passou congela-se no passado. A pessoa não tem mais nada – nem mente, nem corpo, nem seu ego psicológico. Tudo o que lhe resta é o self, seu eu espiritual.

O mais difícil da morte é sair da vida, deixar o aprendizado e o conhecimento, mas do ponto de vista da alma imortal isto não importa, pois o aprendizado nunca termina.

CHUANG TSU: Como saberei se os mortos não se admiram de haver um dia ansiado pela vida?

Há vida após a morte ou o "barro desabitado"? Três versões para pós-morte, entre outras:

- Reencarnação, carma;
- libertação na consciência universal; Éden;
- não há nada além da morte.

JEAN-YVES LELOUP: Se a morte é para uns a morte da lagarta, para outros é o nascimento da borboleta.

A lei da vida é: tudo nasce, se cria e morre. Ninguém sabe o que acontece na morte, somente podemos crer que assim como o corpo-pó vai para a terra, a alma vai contribuir para o inconsciente coletivo, e, sendo um pouco taoistas, acreditamos que o espírito se dissolve no espírito universal.

MAX PLANCK, KEN WILBER: A busca pelo conhecimento avança, de funeral em funeral.

Eu não sei nem quero provar se existe ou não existe reencarnação, só quero saber como resolver esta encarnação. Se até o Dalai Lama diz não se lembrar de suas encarnações, por que eu, reles mortal, devo pensar nisto? Aliás, qual a diferença entre uma memória de outra vida e memórias vindas do inconsciente coletivo, ou do inconsciente individual?

Goswami traçou alguns dons que podemos trazer de outras encarnações.

AMIT GOSWAMI: São dons reencarnatórios: capacidade de sintetizar vários tipos de conhecimento; capacidade de se expressar em palavras e imagens; luta pela liberdade, pela beleza e pelo amor; consciência em agir pela ética e pela segurança, e a intenção de servir ao propósito criativo do universo.

Ensinaram-nos a temer a morte, mas na morte não estaremos diante de um juiz e, sim, diante da luz do amor e do perdão, assim como o ambiente da morte pode ser de poder. EMMA JUNG, M.L.VON FRANZ: O túmulo é um lugar de poder e objeto de adoração em muitas culturas. No conto da Cinderela o túmulo da mãe era o lugar de atender desejos.

Não existe morte, a vida nunca termina, não tem fim nem começo, apenas nós passamos pela vida entre o nascer e o morrer. Nem a vida é nossa, este corpo não é nosso. "A vida não nos pertence, nós pertencemos à vida."

Nesta hora da Terra há um sem número de catástrofes e muitas mortes, e como não pensar que é um tempo especial e como não agradecer a oportunidade de poder viver este tempo de intensa transformação.

ASHTAR SHERAN: Nenhum ser da Terra pode estar indiferente a este tempo.

A todo instante morre um algo dentro de nós e nossas células velhas são trocadas por novas; estamos vivos e um dia morreremos. Que possamos viver o que não morre no coração da vida imortal!

EPICURO: Não vos preocupei com a morte porque enquanto estais vivos não podeis falar dela, e quando morrerdes não estareis lá para falar dela.

Ontem pensava em morrer se fosse para ficar em solidão o resto da vida, mas depois pensei: o que é o resto da vida a não ser cada momento?

BENJAMIN DISRAELI: A vida é muito curta para ser pequena.

Em tempos de ausências de si mesmo, suicídios e distúrbios mentais, podemos ter o direito de nos ausentar da vida? Isto ainda é um tema tão tabu quanto o suicídio assistido. Qual o sentido de se prolongar a vida de doentes terminais, indefinidamente, com alta aparelhagem e custo hospitalar e de serviços? Deveríamos estipular nossa morte enquanto vivos?

Mesmo que este seja um tempo de trevas e haja gente querendo abandonar este barco, e eu só quero remar até o fim e faço tudo para manter minha mente alerta e morrer consciente. Na minha hora quero ver a morte como ela é.

AMIT GOSWAMI: Se estivermos conscientes ao morrer, teremos a oportunidade de ser Deus.

Por enquanto podemos fazer o melhor para sermos Deus aqui na Terra mesmo. O futuro mais certo é a morte, mas antes disto vem o sonho. O impossível é apenas uma coisa que ainda não existe e ainda não tem solução. O futuro é totalmente novo! Estamos aqui, na iminência de virar a roda do tempo para o próximo evento de nossa vida.

Se a única liberdade é ser obediente e se entregar para a vida, a confiança é tudo o que nos fortalece. A não ação do ego, a capacidade de esperar e a paciência são nossas virtudes, quando se fala em futuro.

Devemos aprender a ser otimistas com o futuro. No otimismo aprendido você deve contestar suas crenças a fim de verificar suas evidências. A realidade é o otimismo com contestação de crenças. O futuro nunca será como o presente.

GEORGE BERNARD SHAW: Você vê as coisas como são e diz: Por que? Eu vejo as coisas que nunca foram e penso: Por que não?

Neste momento somos tudo: presente, passado e futuro.

RUMI: Você pensa no passado e no futuro como se fossem dois.

ESPIRITUALIDADE

GAUGUIN: Van Gogh, com seu pincel cromo amarelo, pintou numa parede: sou todo espírito.

Ele era louco?

Chamam-nos, alguns, de loucos, por viver o espírito na forma individual sem intermédios de outros. E você, que também é uma gracinha espiritual, sabe que muitas coisas da vida são obra do espírito e da alma, pois todos somos espíritos vivendo uma experiência física.

KEN WILBER: A Grande Busca empurra o Deus para longe. Continuar buscando é continuar perdendo – basta reconhecer que você já é 100% espírito.

Podemos tirar as barreiras do nosso coração para que o espírito flua. Na prática da meditação podemos abrir caminho entre as sombras que escondem nossa parte espiritual.

PAUL TILLICH: É tão ateu afirmar a existência de Deus quanto negá-la. Deus é nosso próprio Ser, não outro ser.

Se conseguimos limpar a lama de nossas botas, ficamos com os pés mais leves para ultrapassar os obstáculos da floresta espiritual de nosso Ser.

Durante séculos vimos adorando mestres e seres superiores. Quanto às igrejas, elas foram muito superficiais na doutrina e não podiam dar certo com o avanço da consciência.

MIRCEA ELIADE: As religiões tradicionais valorizam o sofrimento para transformá-lo em conteúdo espiritual.

Com a unificação de tudo, nós agora somos consciências livres e somos nossos próprios mestres. Milhões de pessoas são espiritualizadas sem seguir qualquer religião, e a grande mudança se baseia em compreender Deus em cada um.

DAVID N. ELKINS: Uma revolução espiritual está ocorrendo silenciosamente em nossa sociedade. Desses que percebem que podem cultivar a alma sem ir a um templo.

Após 2000 anos de tradição cristã hoje chegamos a esta revolução místico-espiritual. Começou nos anos 60 do século passado, quando os adeptos que precederam a Era de Aquário se iniciaram em todos os tipos de terapias energéticas. E as experiências de Maslow nos mostraram uma dimensão transcendente em nós. Tudo prova que nós podemos ter acesso à espiritualidade mais pura.

A Área da Consciência é relacionada com as religiões, ou o que de melhor elas tiverem, sem seus dogmas que nos tirem a liberdade de arbítrio. A Igreja seduziu o povo pela iluminação através do Deus Onipotente; e prometeu a todos se livrarem de seus pecados pelo arrependimento, ao invés de cada um trabalhar por sua vida e pela própria salvação. As igrejas são repletas de poder devido à ignorância do povo quanto a Deus e ao Diabo, um discurso pobre e simples. Como disse Blavatsky, os dogmas, ao invés de unirem a humanidade, dividiram-na em nações e raças inimigas.

BASHAR: Nenhum mestre queria montar religiões e dogmas; eles queriam que você fosse como eles.

No século XXI estamos primando por unir ciência e espiritualidade para que nunca mais se separem. A espiritualidade é universal e está disponível a todos.

KEN WILBER: O espírito é a única coisa que sempre esteve presente – você já sabia disto há bilhões de anos.

Agora há uma mescla ecumênica de filosofias, seitas e religiões trabalhando por uma ordem social mais nobre. Aprendemos a dizer Namastê, saudando o Deus Interior de cada um, e também a cantar mantras em línguas sagradas e fazer rezas aos espíritos da natureza. Dado o grande número de escolhas, posso também ocasionalmente visitar um templo de minha religião de criação, pois, embora eu não prossiga com os dogmas, sempre posso ter o prazer de adentrar uma Igreja e apreciar o silêncio de seu espaço sagrado, nos intervalos entre ritos e missas.

CAMINHOS DA TERRA: Por Manitu, escutai a voz do Grande Espírito!

O RESGATE DA ALMA HUMANA

CLARISSA PINKOLA ESTÉS: A alma é a espécie mais ameaçada de extinção na face da Terra.

Alma: para quem tem este conhecimento misterioso nenhuma prova é necessária; para quem não o tem, não há prova que o convença.

THOMAS MOORE: A perda da alma é a maior doença do século, que implica em muitos dos nossos problemas.

A alma está na arte. Enquanto o espírito é sagrado e inalcançável para muitos, a alma é mais próxima e se manifesta nas obras de beleza. É porque, como a alma, a arte pertence ao mundo não racional e imaginário. A arte criadora de beleza é o que mais sustenta a alma, traduzida neste livro que a resgata no trabalho com as mandalas.

C. G. JUNG: Há uma alma faminta de atenção e de cuidados.

O espírito forma o corpo através da alma. Ao nível da alma estamos conectados a todas as energias do universo.

WILLIAM BLAKE: O homem não tem um corpo separado da alma. O corpo é a parte da alma que se mostra pelos cinco sentidos.

O Iluminismo e o Modernismo ocidental negaram a existência do Ser e do corpo.

KEN WILBER: Foi-se a alma, e em seu lugar surgiram as superfícies planas monocromáticas. E o materialismo científico ainda impera e não pretende deixar o poder.

Após séculos de dominação espiritual, vimos mudar o paradigma de corpo e espírito opostos, para o corpo como portal do espírito. Outra mudança de paradigma foi acabar com a separação entre o ego e a alma. A alma é nossa ponte para o espírito.

DAVID N. ELKINS: Quer saibamos ou não, estamos famintos por uma abertura de coração, por um retorno à alma.

Liberte seu Ser, sua alma aprisionada há tempos na sua mente, para manifestar o seu destino. Se você quiser obrar pelo bem, as coisas se manifestarão.

Não precisa ser positivo o tempo todo; basta diminuir o negativo e aceitar que o erro é humano, pois tudo é da alma.

SHAUN MCNIFF: Ninguém pode perder sua alma porque ela sempre está presente.

Na sociedade atual perder a alma é anular tudo o que fazemos para aprimorá-la, e continuar a valorizar o ego e seus egoísmos, narcisismos e manhas. Fugir disto é evitar tudo o que não reflete nossas verdades interiores, e é também deixar de cultuar a negatividade.

ABRAHAM MASLOW: Essa natureza interior é sutil e facilmente vencida pelo hábito e pela pressão cultural, mas persiste nos subterrâneos, pressionando sempre para entrar em ação.

Felizmente o que foi perdido pode ser resgatado.

TERENCE MC KENNA: A procura por rituais que mostram dimensões de extraordinária força e beleza traduz uma necessidade básica da alma.

Quando nos distanciamos de nossa alma, as menores coisas podem nos despertar e nos trazer de volta a nós mesmos. Se reciclamos velhos padrões que nos atrapalham, superamos a nós mesmos e obtemos luz.

CLARISSA PINKOLA ESTÉS: Para chamar a alma de volta para casa é necessário: o ar, a noite, o sol, a água, as árvores; ou o papel, as palavras, os livros; ou a cor, os símbolos, a beleza; ou correr, dançar, cantar; ou apenas ter paz ao se recostar a uma árvore.

O DNA e a alma são eternos.

H.P.BLAVATSKY: O tempo necessário para iluminar o mundo dependerá em parte de agentes tão frágeis e mortais como nós, com nossos escritos, e os escritos de outros trabalhadores dedicados.

Nossos estágios de desenvolvimento descendem de períodos arcaicos, mágicos, míticos, mentais, integrais, existenciais, e transpessoais, causais, casuais e não duais.

KEN WILBER: Mas as obscuridades da raça humana, como Auschwitz, Hiroshima e Chernobyl precisam ser incluídas na consciência humana do todo.

Sinto muito, me perdoe, agradeço o amor.

Agora vivemos um tempo fora do comum. Nesta Nova Era podemos agir como se fôssemos Cristo ou Buda.

KEN WILBER: O erro do Ocidente moderno consumista não foi somente a negação da alma, mas a interpretação de que a alma é um mero aspecto da mente. Os modos mais elevados de alma e espírito não estão incluídos na modernidade.

Os que atualmente se chamam seres humanos são os que seguem pesquisando sobre tudo o que abarca a consciência e não descartam nada de cada filosofia ou religião, ou mesmo de cada sistema de governo. Buscam uma democracia sem armadilhas burocráticas, que proporcione o livre pensar e o desenvolvimento sustentável de cada um, para que todos colaborem para a identidade de um país e pela igualdade num mundo múltiplo em etnias, com suas crenças e costumes, e nos opostos, como ateus e religiosos, mas contra a violência de qualquer espécie.

MARIO LUIS COBOS: Nada acima do ser humano e nenhum ser humano abaixo de outro.

Também lutamos contra o materialismo cego que destruiu todas as possibilidades de alma e que já não vale para este tempo. A matéria sozinha não existe.

AMIT GOSWAMI: Se o materialismo fosse verdade, todos os fiéis materialistas não teriam medo da morte.

A fascinação da humanidade pelos aspectos psíquicos e numinosos é assunto da transcendência, que também é uma qualidade da alma.

TRANSCENDER EM MULTIDIMENSÕES

Há momentos em que o funcionamento habitual do cérebro é ultrapassado. Ver além é transcender a realidade e encontrar a experiência inspirada, por tudo o que conhecemos e o que não conhecemos ainda. As possibilidades envolvem dimensões além das conhecidas. Transcender é ver além. Ver além é ver com profundidade.

IMMANUEL KANT: Sem as possibilidades do espírito transcendente o raciocínio moral não tem sentido.

Você não está separado do seu espírito nem da sua alma, nem muito menos de sua mente. Somos tudo, somos alma, corpo, mente e espírito ao mesmo tempo. Os físicos afirmam que não é possível levantar uma palha sem perturbar uma estrela, e que nós podemos experimentar isto além da teoria.

JEAN-YVES LELOUP: Eu olho uma árvore e vejo que esta árvore me olha.

Transcendência é ir além dos limites, rumo à essência da vida. É transcendente pegar um livro como este e chegar a criar uma mandala, pintá-la e contemplá-la para experimentar uma mudança.

KEN WILBER: Tudo é um contexto dentro de um contexto, eternamente.

Para transcender a vida é preciso se desgarrar da dor e das perdas. Quando você não estiver mais totalmente atado ao mundo, então poderá realmente desfrutá-lo. As pequenas lamúrias e desavenças poderiam não existir se as pessoas atentassem para sua parte grandiosa e transdimensional em meio ao universo de experiências, e quão mais felizes seriam!

AMIT GOSWAMI: Quando somos criativos, quando meditamos profundamente, quando amamos, e quando temos experiências extrassensoriais, agimos conforme a unidade e temos liberdade de escolha.

A Psicologia Transpessoal, lançada por Abraham Maslow em 1960, transformou toda a área da Psicologia com estudos da consciência. Temos muitos diferentes estados de consciência relatados em inúmeras formas de manifestação.

DAVID N. ELKINS: Na nossa aldeia global as realidades múltiplas nos impossibilitam de continuar na nossa própria realidade como única.

Todas as disciplinas são complementares, é possível ver a multidisciplinaridade dos assuntos. Observamos o aumento da especialização de tudo na nossa cultura, mas a especialização direciona as sinapses dos neurônios somente a uma região específica do cérebro, atrofiando outras.

OSHO: Um especialista está no processo de saber cada vez mais sobre cada vez menos.

Na meditação, na arte, na imaginação, nas brincadeiras, no sexo, em rituais devocionais e nos sonhos somos transpessoais. Durante o sono produzimos betacarbulinas e DMT, substâncias psicoativas naturais.

Imagine sua conexão ao macrocosmo infinito, por outro lado sinta sua memória genética de milhares de histórias de ancestrais até chegar a você. Esta é só uma sensação comum de ir além de nós, que define a grandeza da qual somos parte, um campo de energia muito maior. Você se lembra?

RUPERT SHELDRAKE: A memória não está estocada no cérebro, e pode ser transmitida de situações do passado de tempos longínquos.

O conhecimento intuitivo que atravessa as memórias no tempo é o mesmo envolvido no acasalamento dos animais, em rituais e em símbolos, e também nas ideias sustentadas por um grande número de indivíduos.

Nas pesquisas as dimensões da consciência têm relação com os níveis vibratórios. Pelo aspecto do desenvolvimento da consciência podemos evoluir até uma próxima dimensão, a quinta. O que acontece, basicamente, nas dimensões da consciência é:

• 3ª Dimensão - ego inferior - amor e medo - opostos - pensamento superficial e separação;

• 4ª Dimensão - tempo – auxílio do ego superior - sem vítimas ou carrascos - ver além;

- 5ª Dimensão - planos astrais, sonhos e outros estados – a alma é igual ao ego e igual a mente - não julgamentos - amor incondicional

Nos estados contemplativos entramos em contato com a 5ª Dimensão, que é remédio para quem é obrigado a estar ainda na Terceira.

Além da verdade, além das emoções, além da mente, a alma está além de nós mesmos. Basta não se ater apenas às aparências, às verdades relativas e às coisas temporárias. Transcender as aparências e ver além, assim chegaremos à alma, que está aquém e além de nós.

Parece haver a tendência de partilhar todo conhecimento, e a tecnologia confirma isto hoje mais do que nunca. Todos nós somos livres e criativos nas redes e na transmente!

EXPERIÊNCIAS CULMINANTES

KEN WILBER: A transcendência é uma experiência sensorial direta. É transcender o ego na grande libertação de um esplendor radiante e espiritual.

Somos planetários. Estamos imersos no imenso campo da Mãe-Terra, impressa em cada célula. De outro lado somos instintivos e selvagens na nossa transcendência individual e superior. "A montanha está dentro e tem a cura."

NIKOLA TESLA: O instinto transcende o conhecimento.

As experiências culminantes são momentos especiais de maravilhar-se. A mudança de paradigma é aplicar a espiritualidade e a transcendência na prática. Até hoje estivemos vivendo uma espiritualidade faz-de-conta, agora estamos na prática.

VERA SALDANHA: As Experiências Culminantes foram definidas por Maslow como os melhores momentos dos seres humanos, dadas em situações de êxtase criativo, de amor maduro, sexo perfeito, amor universal, contato com a natureza, etc. Expressam em geral os valores mais eternos e superiores da vida, como a verdade, a beleza e a bondade.

Experiência culminante é quando a alma se abre para o infinito, com percepção dos mundos interior e exterior, numa explosão de energia e ao mesmo tempo em quietude.

I CHING: O que acontece nas profundezas do ser não pode ser provocado nem impedido pelo racional consciente.

Nossa alma busca repetir os cumes desde que os descobriu, em tenra idade, antes que fossem reprimidos.

R. D. LAING: Para adaptar-se ao mundo a criança abdica do êxtase.

As experiências culminantes podem acontecer num nível comum de consciência ou em estado alfa, ou com respiração alterada.

Há dois aspectos importantes das experiências de pico:

1. Temos um sentimento infinito de fazer parte de algo;

2. O tempo é relativo - parece parado e pode significar que se passaram horas ou apenas alguns minutos.

As experiências alucinógenas também já foram estudadas pelos especialistas nas pesquisas de consciência não comuns, embora a busca seja mesmo pelos acontecimentos naturais. Num aparte, hoje todo hábito que persiste pode ser visto como droga ou vício, desde o excesso de remédios, comida, bebida, fumo, ou o vício em atividades físicas, no excesso de trabalho, ou ficar em frente à TV ou na internet por horas; todos produzem mudanças na consciência.

Também aquele choro profundo que não se sabe a razão é a própria transcendência da vida que conecta tudo.

O amor e a sexualidade também fazem parte dos valores do Ser e podem favorecer as experiências culminantes. Na ação sexual também não pensamos em nada por um tempo.

ABRAHAM MASLOW: O sexo é um caminho para a unidade e é por isso que o sexo é tão procurado. Só não se sabe o porquê de ser tão difamado e reprimido, já que é uma experiência culminante de contato com o cosmo.

A alma é quem procura a beleza nas experiências de cume, e quem já viveu algo deste tipo quer repeti-lo, e passa boa parte da vida à sua procura, pois, segundo Maslow e outros terapeutas transpessoais, são experiências que nos curam. Em unidade com o cosmo sentimos a conexão dentro do mais profundo de nós. São mundos longínquos a nosso dispor, mesmo que existam neste plano apenas um céu e apenas uma terra.

GENGHIS KHAN: O céu é um só; a terra é uma só. Somos um só.

Qual o ponto crucial em uma experiência de pico? É que todos as temos. Todas as pessoas com vivacidade que Maslow conhecia tinham experiências místicas culminantes. O que ele descobriu foi que tais experiências não estão limitadas a pessoas extraordinárias, porém a maioria das pessoas as reprime. Algumas pessoas disseram-lhe que jamais haviam falado sobre isto a alguém porque achavam que se tratava de um momento de delírio. Ora, quem pode saber quantas experiências místicas e de cume já não foram confundidas como expressão de demências em clínicas criminosas?

Os cumes ou picos são o suprassumo da experiência individual. Também podem ser evocações e intuições da memória universal ou do inconsciente coletivo.

EDGAR CAYCE: Akasha é a substância fundamental do universo, onde fica impresso o registro de cada som, luz, movimento ou pensamento, desde sempre até agora.

A habilidade de ler estes registros depende da sensibilidade de cada um. A sintonia acontece conforme o comprimento de onda das vibrações energéticas.

As atividades artísticas e as devocionais nos aproximam de experiências com expansão da consciência, e também a dança intensa, rir com amigos e cantar podem nos enlevar e ampliar a imaginação. Há relatos de atletas com sensações místicas, semelhante a adeptos espirituais em seus êxtases devocionais, como os monges taoistas das montanhas em façanhas de resistência e longevidade. Formas de cura.

Se você já brincou de ser um animalzinho selvagem, você sabe que o inconsciente instintivo superior é um aspecto humano provável de chegar aos cumes de êxtase. Para lembrar este mimo não precisa mais nada do que acordar e deixar seu corpo fazer o som que quiser, o movimento que quiser, e então seu dia começará como nenhum outro. A saúde integral depende de apenas acolhermos nosso inconsciente como parte de nós mesmos.

Há certos momentos de imensa beleza que nos dão o êxtase do encantamento pela vida. Após um instante culminante estamos em gratidão total, que Maslow chamou de "platô", um estado de consciência total. Estar em platô é ser testemunha da realidade que envolve a visão do simbólico, do mítico, do poético e do milagroso.

KEN WILBER: A experiência de platô é um estado mais permanente de se maravilhar e transcender.

A presença do belo pode chegar a atingir os cumes e platôs de Maslow.

RAINER MARIA RILKE: Para nós o existir ainda é encantado. Fontes há, ainda, em cem lugares. Jogos de puras forças; e aquele que as toca se ajoelha, admirado.

Independentemente da prática, você pode encontrar a mente vazia, a ausência do si mesmo. Esta é minha religião, encontrar minha transcendência no espaço negro e vazio dentro de mim na meditação, ou chorar por um símbolo da pátria, ou em devoção à arte ou a outra causa.

EXPERIÊNCIA MEDITATIVA CULMINANTE

A experiência culminante mais acessível é a meditação, e embora eu pretenda publicar um livro sobre o tema, aqui estão algumas pinceladas sobre esta expansão da consciência.

HUI HENG: Neste momento não há nada que venha a ser. Neste momento não há nada que deixe de ser. Não há limite para este momento.

Meditar é se entregar para o cosmo diretamente de dentro de você. Meditar é repetir a prática como já aconteceu tantas vezes e perceber, no entanto, que tudo é novo.

OSHO: Apenas feche os olhos... O tesouro está ali.

A Física de agora é a Física da Consciência em unidade com o todo. Ciência e espiritualidade juntas. São experiências transpessoais e transcendentais ligadas à meditação. Os cientistas quânticos já chegaram ao grau de abstração do vazio do campo atômico, paralelo ao vazio que se busca na meditação.

KEN WILBER: Na meditação o Deus dentro, e não o Deus fora, passa a ser o guia de orientação.

O valor volátil da vida de hoje faz com que a gente viva correndo por mais experiências e mais, mais, mais. Quando comemos já estamos planejando o que fazer em seguida, qual a sobremesa, o cafezinho ou a agenda. Nunca mais teremos aquela vida tranquila de antes, de fazer uma coisa por vez, como se tivéssemos a vida toda pela frente. Relaxar apenas em uns dias de férias, precisamos de um remédio mais leve para transformar isto, por isso temos que ir à arte, à beleza e à meditação. Fazer arte é meditar e também gera expansão da consciência.

KEN WILBER: Quando repousamos na quietude e no silêncio poderemos ouvir uma voz: "jamais se esqueça do bem, jamais se esqueça da verdade e jamais se esqueça do belo", pois estas são as faces do seu próprio Eu, reveladas livremente.

A meditação desenvolve a auto-observação e cura a mente e o corpo. Serve como último refúgio mediante um exterior difícil. Milhões de pessoas praticam a meditação e já tiveram as mais variadas experiências marcantes na prática, por isso falamos disto.

KEN WILBER: O meditador é menos egocêntrico, menos narcisista, e mais universal e mais compassivo.

Tive muitos mestres, como Jung, que me ensinou a trabalhar o inconsciente na arte, Maslow, que me instigou a ser transcendente no dia a dia e na apreciação da beleza, e o amado Osho, que me passou o toque mágico da meditação.

O efeito mais profundo da meditação é transformar a consciência para ser a unidade com o todo. Meditar também nos faz perceber quando a mente se fixa num pensamento e não quer sair.

MARIANO BUENO: Meditar alinhado com o eixo norte/sul pode facilitar a prática.

No Hemisfério Sul eu medito de frente para a luz do norte, então no Hemisfério Norte podemos nos virar para o sul.

Dos benefícios físicos da meditação está o equilíbrio da velocidade de giro dos chacras e o tratamento básico para sintomas gerais e o rejuvenescimento do corpo. Já me aconteceu de meditar para tratar alguma emoção difícil e eu perceber rostos indistintos que vem me ajudar, numa calma e serenidade infinitas. Eu, que nunca fui de ver coisas além de nada, me surpreendo às vezes, pois a meditação é uma experiência muito distinta de nossa vida cotidiana, embora seu intuito não seja o de ficar vendo coisas, a não ser o grande negro dentro que a qualquer momento pode se tornar luz.

Sem medo e apenas com certo espanto no contato com coisas naturais, embora desconhecidas, qualquer um pode aprender tanto as formas de rezar e se ajoelhar, como sentar em meditação.

RUMI: Deixe as águas se assentarem; você verá as estrelas e a lua espelhadas no seu Ser.

Na meditação há uma integração entre a mente e a não mente e entre corpo e alma. Na observação da beleza a meditação me ajuda a transformar a não beleza.

Se permitimos o amor no nosso coração, a vida melhora.

JESUS: A luz no seu coração está, sem julgamento, silenciosamente presente.

Na nossa experiência "ordinária", como a tratam os mestres, é bom saber que mesmo nós, pessoas comuns, quando observamos detidamente, profundamente, uma situação, ela certamente sofrerá uma mudança. Assim, tratamos a meditação como a maior experiência alquímica de observação, que cria uma qualidade de vida.

BUDISMO MAHAYANA: Esteja chorando, dançando ou rindo, tudo estará bem e tudo estará bem, e todas as coisas estarão bem.

Um computador tem a "natureza de Buda"?

O CORPO IMÓVEL E A TESTEMUNHA

A alma mostra sua sabedoria quando o corpo para. Vou falar um pouco de ficar com o corpo parado para a alma voar.

A base para a meditação começa pelo corpo, a maior energia física sob nossa consciência.

KEN WILBER: Apenas no corpo humano a iluminação pode ser alcançada. O corpo é um produto da evolução e o veiculo para sua própria realização.

Meditar é transferir a atenção dos pensamentos para observar o silêncio e o vazio interior na imobilidade do corpo. Muitas decisões são tomadas quando estamos sentados com o corpo imóvel.

ECKHART TOLLE: Não despreze o corpo. É no interior desse símbolo de não permanência, limitação e morte que está contido o esplendor da nossa realidade essencial e imortal.

Quando se fala em meditação, todos pensam em não pensar, anular os pensamentos e tal. Não acredito que possamos parar os pensamentos por nossa vontade, por outro lado sei que é possível a qualquer pessoa sustentar seu corpo na imobilidade por alguns instantes.

KEN WILBER: O corpo estaciona, o ego estaciona, tudo repousa para que a alma atue.

Não há nada mais especial que suster o corpo em total imobilidade por momentos. Para isso é preciso treinar a imobilidade desta nossa parte mais densa. Nem que haja dias em que os fatos chamem a atenção e os pensamentos não parem de imaginar, mesmo assim vale a pena sentar e conseguir uns minutos de corpo imóvel.

O corpo imóvel pode demorar um tempo para acontecer, mas pode-se conseguir com que quase nenhuma célula se mexa, sentindo apenas a respiração tão tênue que não tremule nem uma vela colocada à frente de seu nariz. Então você estará no caminho para sobrepor a parte física. A partir daí tudo pode acontecer, e a respiração pode quase parar, de tão lenta e curta. Apenas observe.

O importante da observação do corpo é a oportunidade de diminuir a intensidade dos pensamentos e então, vemos que o corpo está sempre no presente, e quem viaja é a mente.

DANAH ZOHAR, IAN MARSHALL: Neste estado de relaxamento é que são notados efeitos sobre a pressão arterial e o metabolismo.

Ao iniciar a prática de sentar em meditação pode-se sentir um grande esforço para o corpo, mas, ultrapassado este limite, abre-se uma porta. A partir do estar sentado a ordem é abandonar o esforço e se entregar. O corpo deve ser constantemente treinado para ficar imóvel e relaxar na meditação. Após a prática, caminhar e soltar o corpo, e girar um pouco as articulações.

HERMANN HESSE: Meditar é ter o corpo mais imóvel que uma árvore, cujo alento faz balançar a folhagem e os galhos; na verdade é estar imóvel como um ídolo de pedra.

Podemos pedir no sono e na meditação para curar feridas do corpo e da alma. Na minha experiência de mais de vinte anos meditando, penso que nos primórdios da civilização algum oriental deve ter criado a postura do corpo imóvel com base na imobilidade do corpo durante o sono profundo, pois são estes dois estados de imobilidade, um consciente e outro inconsciente, resultam em tratamento para o corpo, já que há efeitos benéficos tanto em uma noite de sono profundo quanto na posição sentada imóvel das práticas meditativas.

Seja o observador de seu corpo e testemunha de si mesmo. O observador coloca a atenção na emoção negativa para transformá-la em positiva. Ser testemunha é ser livre.

KEN WILBER: Como simples observador, estou livre de toda tristeza, dores, preocupação, alegrias, medos, sou apenas livre.

Coloque sua mente lá... Fora de você.

EVANGELHOS GNÓSTICOS DE SÃO TOMÉ: Não somos nossos pensamentos e podemos tomar distância deles. Ver além dos pensamentos – este é o segredo da imortalidade.

São muitas coisas para observar na prática meditativa, mas ser testemunha de si mesmo é uma sensação idealizada em qualquer momento do dia - olhe você mesmo fazendo as coisas que faz, pensando as coisas que pensa. É a sua consciência observando-se a si mesma, de cima de sua cabeça. Este é um exercício de desapego de si mesmo.

KEN WILBER: A testemunha de si mesmo é capaz de observar o fluxo dos acontecimentos sem interferir nele, sem pensar e sem manipulá-lo de forma alguma.

Observar a si mesmo é observar as situações e vê-las mudarem, como no Colapso da Função de Onda da Física. Ser o observador é estar além dos pensamentos sem julgamento e sem culpa. Trata-se de se integrar à criatividade universal, com possibilidade de influenciar os acontecimentos. Ao observar uma mandala e ser testemunha de suas intenções, você estará no ponto de manifestar seu sonho.

OSNY RAMOS: Você já é o observador quântico que modifica sua realidade.

FÉ

NIKOS KAZANTZAKIS: A ideia é tudo - se você tem fé, uma lasca de porta velha vira uma santa relíquia; se você não tem fé, a Santa Cruz todinha vira porta velha.

Nós, a cada instante entre a fé e a razão. Podemos não acreditar nas mesmas coisas, mas a fé é uma só. Fé é a coisa mais interessante e válida do ser humano.

Acredite. Há um universo vasto e variado. Examine sua conversa interna limitante e acredite que você tem uma equipe de ajudantes. E infinitas possibilidades.

DAVID N. ELKINS: É lamentável que a moderna Psicologia tenha deixado de lado os aspectos sagrados da fé humana.

Talvez seja melhor pensar que a dor que gera fé atua como solução individual para a vida. Não há vida corajosa sem a fé nas ações.

MARCOS SCALDELAI: Ao refazer e transformar sua vida, é preciso uma blindagem contra julgamentos e críticas. A solução é ter fé no seu projeto.

William James, Jung, Maslow e Seligman relataram experiências com os aspectos espirituais e sagrados de nossa psique, no que tange à felicidade das pessoas e às vantagens de se ter fé no positivo.

ALAIN DE BOTTON: A sabedoria das fés pertence à humanidade toda, mesmo aos mais racionais, e merece ser reabsorvida até pelos inimigos do sobrenatural.

Querer com toda a força da fé produz milagres. Quando abrimos mão do controle o milagre acontece.

"Neste tempo de intempéries, precisamos de corações cheios de fé." Este é o ancoramento do amor no coração.

JACOB BOEHME: Sentindo Deus, a mais alta virtude do amor, dentro de mim, assim, sentado em meu próprio nada, dou glória ao ser eterno, e não quero nada além de mim mesmo, estando em mim meu Deus e de todas as coisas.

MARAVILHAR-SE

Maravilhar-se é ver como se fosse a primeira vez.

NIKOS KAZANTZAKIS: Eu juro que é a primeira vez que vejo a primavera florescer!

Maravilhar-se está ligado aos aspectos sagrados das ciências e das artes, e maravilhar-se está ligado à sabedoria dos antepassados, sendo que tudo isto acrescenta grande significado à nossa vida.

O deslumbramento é dos muito jovens ou muito velhos. Eu, que já não sou mais dos primeiros, mas também não me considero ainda dos outros, sigo agradecendo a cada vez que vejo a surpresa, a fé, e a vida me trazerem algo para me deslumbrar. Mesmo nesta idade valorizo este desejo infantil de maravilhar-me diante de mistérios que nos cercam a todos.

MANUEL BANDEIRA: A inspiração é o alumbramento de um instante.

ALQUIMIA E INCONSCIENTE

Além da alquimia na sexualidade, aqui há mais um pouco dos aspectos espirituais desta filosofia.

TERENCE MC KENNA: O verdadeiro crisol desta pesquisa é o Eu.

É estranho ser diferente da maioria, que não se interessa pelas pesquisas sobre os alquimistas medievais ou sobre os monges taoistas das montanhas.

SYLVIA CRANSTON: Metade da vida de Newton foi devotada à alquimia. Ele acreditava na vida universal e no espírito divino em todas as coisas.

Hoje vários cientistas veem na Física uma ligação com o místico.

Antes eram os alquimistas que buscavam a união cósmica, com simbologia e hermetismo constante. Agora, sem pilão nem almofariz, nem overdose de láudano, mesmo assim posso ser uma alquimista apta a chegar ao âmago de meu ser na transcendência da meditação, da sexualidade e da imaginação, como exemplos básicos do Caminho.

C. G. JUNG: Alquimia é chegar à alma com receptividade à transformação interior. O ser humano é rodeado de mistério e todos nós devemos ser curiosos a respeito de tudo.

A alquimia tem origem nas culturas grega e egípcia. Jung foi estudar latim e grego para desvendar este conhecimento codificado e complexo, que por este motivo foi banido. As instituições não puderam interpretar os elementos disfarçados de natureza, então proibiram e perseguiram a todos.

MARIE-LOUISE VON FRANZ: Por que a alquimia é um instrumento mais poderoso que a mitologia, os contos de fada ou a história das religiões?

Todo alquimista que se preze sabe que a Pedra Filosofal é o próprio desenvolvimento. Alquimia, inconsciente, tudo é parte da busca pela transcendência.

MARIE-LOUISE VON FRANZ: Vida é o *conjunctio* da alquimia, ou seja, amaciar o que é duro e endurecer o que é fraco.

Ser humano é começar pelo *nigredo*, que purificado se torna o *albedo*, que se torna o *rubedo* até a iluminação das *citrinitas* cor do ouro e do sol, culminando com a pedra filosofal.

MARIE-LOUISE VON FRANZ: É como na vida, a ressurreição de lavar repetidamente, destilar, encher de sangue e aquecer no fogo.

Algumas terapias tradicionais restringem o inconsciente à causa de neuroses. Jung e Maslow viram o inconsciente em sua forma superior, capaz de assumir uma inteligência e um discernimento consciente. Maslow nos incentivou a utilizarmos os aspectos instintivos do inconsciente superior para maior saúde e felicidade. Segundo Jung, a arte conecta o consciente ao inconsciente e traz à luz velhos problemas. Assim, o inconsciente contém coisas maravilhosas que nos aparecem em sonhos, na arte, em meditação e em outras vivências, como nas práticas da Radiestesia, por exemplo. Meu primeiro livro mostra bem a ligação do inconsciente às práticas com o pêndulo.

MARIE-LOUISE VON FRANZ: Até hoje o enigma básico da alquimia não foi solucionado. Não temos resposta ainda à questão que eles perseguiam. Jung abordou a alquimia sabendo que era um problema em aberto. Sentiu que nos levava muito longe, não se sabe para onde.

A resistência à alquimia, assim como a resistência ao sagrado se deve ao seu mistério indecifrável e não racional. Para os alquimistas, somos o todo e devemos ver a natureza com símbolo dos aspectos psíquicos.

É certo que alguém que vivesse, como Jung viveu, uma vida significativa, e terminasse pela arte, como ele terminou, em experiências com o inconsciente individual e coletivo, só poderia se abrir à existência e se tornar imortal.

C. G. JUNG: Minha vida é o processo de um inconsciente que se realizou.

Eu também quero realizar meu inconsciente!

Podemos seguir a senda alquímica: o nigredo, ou a noite escura da alma, o albedo, a clara luz da purificação, o citrino amarelo dourado da sabedoria e o rubedo vermelho espiritual. Alquimistas do século XXI, aí está o caminho para a nossa pedra filosofal, a quintessência dos magos.

SABEDORIA E ILUMINAÇÃO

THICH NHAT HANH: Iluminação é o momento em que a onda percebe que é água.

Iluminação é o estado especial da consciência que vemos em algumas pessoas de ontem e de hoje, sendo uma tendência de evolução para todos no futuro. Os mestres dizem que não há nada anormal ou milagroso sobre o assunto, e que iluminação é resultado de evolução e treinamento.

Todo caminho tem um começo, o primeiro passo, então mais cedo ou mais tarde, nem que seja no instante derradeiro da vida, a gente chegue ao sentido de ser um só com o céu e a terra, como o Grande Khan.

Mesmo que não sejamos iluminados ao pé da letra, já evoluímos em alguns níveis. Você já está no caminho da luz se puder ver sua vida como significativa e se você viver com propósito a experiência de seu Ser.

Ilumine seus momentos com pequenas ações que o fazem sentir-se bem, como sorrir para uma criança, cumprimentar um cão, um gato, um passarinho, dizer bom dia ao dia quando acorda, agradecer seu dia antes de dormir, construir beleza de alguma forma, e trazer luz ao seu coração para iluminar o mundo.

Às vezes gostaria de ser mais espírito do que já sou, mas tampouco sei se tudo continua depois da morte ou apenas na lembrança das pessoas até se apagar. Talvez vá para outro planeta, mas quer continue ou não, vale a pena agir com consciência. Estou fazendo o que posso. Por enquanto imagino e tenho intuições de ideias criativas.

KEN WILBER: Qualquer um pode ter intuições de outros mundos, outros planetas, outros tipos de consciência, que, mesmo diferentes, podem ser úteis aqui e agora.

Quando formos capazes de neutralizar as influências do exterior em nosso interior, seremos mais iluminados. Conforme evoluímos, os caminhos a que chegaremos, com certeza, são os do amor, da beleza, da devoção, de aplicar a ciência espiritualizada na prática e de sair da noção de separação para a da unidade.

KEN WILBER: A iluminação pode ocorrer em qualquer estado e independe de meditação ou não. A sua própria percepção de observador é a forma mais simples e prática de ser espírito.

"Procuramos fora quando tudo está dentro, que pena."

HUI HENG: Existe dentro de nós aquilo que sabe.

Na filosofia hindu há três forças sagradas: Brahma, que cria, Vishnu, que protege e Shiva, que destrói. De tanto criar, proteger e destruir o que criamos, vamos nos tornando despertos.

RUMI: Ontem eu era inteligente e eu queria mudar o mundo. Hoje eu sou sábio e estou mudando a mim mesmo.

Homens e mulheres pensantes sempre buscaram a influência estabilizadora da sabedoria desde mundos antigos.

TERENCE MC KENNA: O que será de nós se a mente humana não se tornar grandiosa e sábia?

A maior parte da sabedoria vem com o tempo e o amadurecimento. Na meia-idade nos comprometemos em ter sucesso e temos pouco tempo para sabedoria; os jovens são impetuosamente idealistas, então somente os velhos dão o equilíbrio do saber a esta característica e podem se iluminar. Ainda veremos o florescimento das qualidades visionárias que a idade pode trazer em sua melhor forma.

Chegar ao "portal sem portal" zen, aquela porta que um dia abriremos, ou já abrimos em momentos além da mente...

JULIE SOSKIN: Cada alma sempre encontra seu verdadeiro lar, no seu verdadeiro lugar, no seu verdadeiro tempo.

CONSIDERAÇÕES FINAIS

Com todo o feito, descobri que nenhum ser humano é perfeito nem todas as suas palavras são verdade. Em vista disto, ninguém precisa acreditar em tudo aqui.

MICHEL FOUCAULT: Nenhum texto é inocente.

Com as "almas belas e seu ideal de beleza" nós vimos aqui um lado superior em muitas áreas, num apanhado otimista de que tudo tem alguma solução, e a luz está vencendo a sombra. Foi uma mistura de opiniões nem sempre concordantes, como na vida. Até hoje ainda pasmo lendo alguma frase dos mestres no interior destas páginas.

Incluí aqui soluções e questionamentos porque não podemos saber tudo... Ainda. Por ora, apenas reflexões de uma alma transcendente.

Comecei este processo sendo uma pessoa pela metade e aqui me completei mais um pouco. Fui juntando e juntando coisas e virou um livro sobre tudo, e agora sou tudo, mesmo depois de ter jogado fora vários entulhos do pensamento. No fim, ficou um tudo e um nada neste caminho alquímico da individuação. É mais uma prova das experiências, da resistência, das derrotas e das vitórias, mesmo com algumas cicatrizes no corpo e na alma.

CLARISSA PÍNKOLA ESTÉS: Descobri que podia fazer tudo isto e ainda continuar andando inabalável, cantando, criando e abanando o rabo.

DEEPAK CHOPRA: A transformação é o maior milagre do universo. Transformar chumbo em ouro é pouco perto disto, pois não passa de pequenos reajustes nos prótons, nêutrons e elétrons do chumbo. A alquimia é bem mais complexa na inteligência do corpo e da mente – se nos sentimos amados, uma emoção faz nosso coração bater mais rápido e o corpo se sente extremamente transformado.

Podemos pensar que os problemas são insolúveis ou que são provas a superar - os otimistas pensariam na segunda opção, enquanto os pessimistas continuariam tristes. "O pessimista sofre o tempo todo e o otimista só sofre no final."

MARTIN SELIGMAN: Sou um pessimista e acredito que somente os pessimistas são capazes de escrever livros sensatos e práticos sobre otimismo.

Apenas ficando no presente a Grande Alma, o Grande Espírito, a Fonte, Deus, a Deusa, Odin, a Vida, o Anjo, os Elementais e no que mais se acreditar, podem ajudar a criar felicidade, junto com a própria alma. Nesta forma de não resistência, voltamos aos primórdios, à senda taoísta ancestral de se deixar levar na corrente. Apenas a intenção de conectar esta sintonia nos fortalece com uma vibração capaz de atrair fatos auspiciosos.

JAMES REDFIELD: A entrega é a chave que abre a porta do alinhamento universal.

Embora as coisas não mudem tão rápido como gostaríamos, elas mudarão. Tudo muda! O que foi, foi grande, imenso demais para ser jogado às traças, temos que ver que o momento é feito de toda esta grandeza.

O trabalho é infindável, e uma vez que você está neste caminho, não tem volta nem doce ilusão, a pesquisa não termina nunca e as ideias vivem se transformando.

Não têm fim tantos detalhes da vida psíquica de uma alma! Sempre aparecem livros maravilhosos, porém, certas impressões e contatos imediatos vão ficar para o próximo... Os próximos passos. Agora esta "chupatinta" já sabe que nossa inteligência é capaz de fazer com que mesmo as pequenas ideias acendam a luz das grandes realizações, para qualquer pessoa. Nada é meu, nada ficará a não ser a memória. E como todo livro só se completa com a interpretação do leitor, mesmo estes temas que não têm conclusão, pois a evolução é diária, você, leitor, poderá completar com a emoção do seu momento.

JAMES JOYCE: Quem em que mundo em que tempo lerá essas palavras escritas?

Toda obra é o retrato de um tempo, e isto me dá o pertencimento a uma senda de busca do que é a realidade hoje, com tantas denúncias de atrocidades contra a humanidade, da parte da Igreja, dos governos, de instituições bancárias mundiais, do crime, no controle da alimentação, da água e dos remédios, e que, quanto a isto, nós devemos seguir lutando pelo amor e pela paz no planeta através da mudança da consciência. Pena que só o tempo ensina a gente a viver, mas "antes à tarde do que nunca", todos podem atuar.

Estou avançando para um fim inevitável que sei que não adianta me preocupar muito com isto. Somos apenas fagulhas num lapso de vida que nunca cessa seu nascer e morrer. Contudo, até esta insignificância que eu sou tem o valor de saber que estamos na bela evolução numa parte da linha da vida. Acreditar em reencarnação, ou não, na dissolução da consciência ou na continuação dela, já não importa, a única certeza é com o corpo, rápido no tempo de vida física. Com ele pretendo, espero demore, um dia ser pó e virar relva no pé de uma árvore.

Nesta finalização só posso dizer com modéstia não falsa que eu escrevi o livro que eu precisava ler várias vezes, porque esta compilação me enriqueceu a ponto de não querer esquecê-la jamais. Mesmo que eu não seja ainda iluminada, procuro praticar muitos destes ditos. Agradeço infinitamente todos os momentos em que fugi do mundo para escrevê-lo.

ERICA JONG: Não é fácil fazer o que você se propôs. Você foi destacada. Foi-lhe dado um raro talento. Só o que tem a fazer é proteger esta essência.

Primeiro queria saber como ser feliz sozinha, pois só conseguia ser "meio" feliz se estivesse só. Depois vi que sozinho ou junto, tudo tem felicidades e infelicidades, e agora estou certa de ser feliz por mim mesma. Pena que no mundo tudo ainda é mais fácil em dupla, em equipe, em comunidade, pois até Jesus, que foi o grande mestre, tinha Maria Madalena, seu braço direito para tudo.

Por outro lado, se o mundo não é perfeito, a vida não é perfeita e ninguém é perfeito, então sofrer pelo grande amor e ter falsas expectativas sobre o outro já não faz meu gênero.

ELIZABETH GILBERT: Tudo o que sei é que quero passar a minha vida colaborando da melhor maneira que puder com forças de inspiração que não tenho como comprovar, controlar ou entender. É um ramo de trabalho estranho, mas não consigo pensar em uma maneira melhor de passar os dias.

Continuamos vendo o mal no mundo, mas agora sabemos que o bem impera. Assim continua o poder do impacto da beleza para mim, que eu espero para você também. Quero ser um pingo a mais no grande oceano do conhecimento, um pingo a mais no mar da ignorância de mais de 750 milhões de analfabetos no mundo.

I CHING: A tarefa está concluída. O caminho se dirige às alturas, rumo ao céu.

Posto que não existe verdade e todo mal evolui para o bem, estamos, então, neste momento, pondo abaixo a vã filosofia! Que fiquem somente as filosofias atualizadas, depois que rompemos com os velhos paradigmas.

Agora eu sei que não adianta querer mudar o outro ou o mundo – é só mudar a si mesmo e pronto – sua missão já está cumprida aqui na Terra.

KEN WILBER: Somente com a liberdade política mais a liberdade espiritual poderemos chegar à compaixão que toca algumas almas no mundo.

Por fim, isto não é o fim, pois o próximo capítulo da vida pode ser um salto quântico daqueles que muda todo elétron de lugar, então, para terminar este trabalho, aqui da minha caverna criativa, desejo que você adote o ideal da beleza ao menos uma vez ao dia! Todo dia! E seja feliz! E livre!

BIBLIOGRAFIA

ALIGHIERI, Dante. **A Divina Comédia**. Nova Cultural, SP
ANAND, Margo. **A Arte do Êxtase**. Campus, Série Somma
BACH, Richard. **Ilusões**. As Aventuras de um Messias Indeciso. Record
BERG, A. Scott. Max Perkins. **Um editor de gênios**. Intrínseca, RJ
BERNE, Eric. **O que Você faz Depois de Dizer Olá?** Nobel
BOAINAIN JR, Elias. **Tornar-se Transpessoal**. Summus, SP
BOÉTIE, Etienne de La. **Discurso sobre a Servidão Voluntária**. L.G.E.
BOLEN, Jean Shinoda. **O Anel do Poder**. Cultrix, SP
BOTTON, Alain de. **Como Pensar mais em Sexo**. Objetiva, RJ
_____**Religião para Ateus**. Intrínseca, RJ
BRADLEY, Marion Zimmer. **As Brumas de Avalon**. Imago
BROWN, Brené. **A Arte da Imperfeição**. Novo Conceito
BYRNE, Rondha. **A Magia**. Sextante, RJ
CAMPBELL, Joseph. MOYERS, Bill. **O Poder do Mito**. Palas Athena
CANSTRON, Sylvia. **Helena Blavatsky**. Teosófica, Brasília, DF
CAPRA, Fritjof. **As Conexões Ocultas**. Cultrix - Amaná Key
CASTAÑEDA, Carlos. **A Arte do Sonhar**. Nova Era, RJ
CAYCE, Edgar, SECHRIST, Elsie. **Sonhos, O Espelho da Alma**. Record
CHANG, Jolan. **O Taoismo do Amor e do Sexo**. Arte Nova Ltda.
CHOPRA, Deepak. **A Cura Quântica**. Best Seller
_____**Corpo sem Idade, Mente sem Fronteiras**. Rocco, RJ
CLOSS, Hanna. **Tristão e Isolda**. Nova Fronteira
CODEX DAS PLEIADES. **Novo Ciclo da Nova Era**. 2016
COELHO, Paulo. **O Alquimista**. Rocco, RJ
CONRAD, Dr. Shree; MILBURN, Dr. Michael. **Inteligência Sexual**. Objetiva
DYER, Dr.Wayne. **A Força da Intenção**. Nova Era, RJ
_____**Crer para Ver**. Record
ELIADE, Mircea. **O Sagrado e o Profano**. Martins Fontes, SP

_____Mito do Eterno Retorno. Mercuryo, SP
ELKINS, David N. Além da Religião. Pensamento, SP
ERGOM. Mensagens ao Mundo para esta Década. Roca
ESTES, Clarissa Pinkola. A Ciranda das Mulheres Sábias.
Rocco, RJ
_____Libertem a Mulher Forte.
Rocco
_____Mulheres que Correm com os
Lobos. Rocco
FRANKL, Viktor E. Um Sentido para a Vida. Santuário, SP
FROMM, Erich. A Linguagem Esquecida. Zahar Editores, RJ
FULCANELLI. O Mistério das Catedrais. Coleção Esfinge,
Edições 70
GARCIA, Rohi Olavo. Mude seu Ambiente e Seja mais Feliz
I. Amazon.com.br
_____Mude seu Ambiente e Seja mais Feliz
II. Amazon.com.br
_____Dez Mil Coisas entre o Céu e a Terra.
Amazon.com.br
_____Blog minhavidadelivros.com.br
GARDNER, Howard. Inteligências Múltiplas. Artes Médicas
GASPARETTO, Zíbia. Pare de Sofrer. Vida e Consciência
GAWAIN, Shakti, KING, Laurel. Vivendo na Luz. Pensamento
GILBERT, Elizabeth. Grande Magia. Objetiva, RJ
GOLDSMITH, Joel S. O Despertar da Consciência Mística.
Pensamento, SP.
GOLEMAN, Daniel. Inteligência Emocional. Objetiva
GOSWAMI, Amit. A Física da Alma. Aleph, SP
GRAY, John. Homens são de Marte, Mulheres são de
Vênus. Rocco, RJ
_____Marte e Vênus no Quarto. Rocco, RJ
GRISCOM, Chris. O Tempo é uma ilusão. Siciliano, SP
HELLINGER, Bert. Conflito e Paz. Uma resposta. Cultrix, SP
HELLINGER, Bert; WEBER, Gunthard; BEAUMONT, Hunter.
A Simetria Oculta do Amor. Cultrix, SP
HEMINGWAY, Ernest. O Velho e o Mar. Bertrand Brasil, RJ
HERMÓGENES. Saúde na Terceira Idade. Nova Era
HERMAN, Eleanor. Sexo com Reis. Objetiva, RJ

HERMANN, Kai; RIECK, Horst. **Eu, Christiane F., 13 anos, drogada, prostituída...** Bertrand do Brasil, RJ
HESSE, Hermann. **O Jogo das Contas de Vidro**. Record
HUNTER, James C. **O Monge e o Executivo**. Sextante
JAMES, William. **As Variedades da Experiência Religiosa**. Cultrix. SP
JASMUHEEN. **Em Sintonia**. Ground, SP
_____**Viver de Luz**. Ground, SP
JOHNSON, Robert A. **We**. Mercuryo
JONG, Erica. **Salve Sua Vida**. Círculo do Livro
JOYCE, James. **De Santos e Sábios**. Iluminuras
_____**Ulysses**. Penguin e Companhia das Letras
JUNG, Carl Gustav. JAFFÉ, Aniela. **Memórias, Sonhos, Reflexões**. Nova Fronteira
JUNG, C. G. **A Dinâmica do Inconsciente**. Vozes
_____**Psicologia e Alquimia**. Vozes, RJ.
JUNG, C, G; VON FRANZ, M, L. **O Homem e seus Símbolos**. Nova Fronteira
JUNG, Emma; VON FRANZ, Marie-Louise. **A Lenda do Graal**. Cultrix, SP
KAPLAN, Arieh. **O Livro da Criação**. Sefer Letsirá
KATZ, Lawrence C. Ph.D., RUBIN, Manning. **Mantenha seu Cérebro Vivo**. Sextante
KAWABATA, Yasunari. **A Casa das Belas Adormecidas**. Estação Liberdade, SP
KAZANTZAKIS, Nikos. **Zorba, o Grego**. Círculo do Livro
KELDER, Peter. **A Fonte da Juventude**. Ritos Tibetanos. Best Seller
LAWRENCE, D. H. **Mulheres Apaixonadas**. Record
_____**O Amante de Lady Chaterly**. Penguin e Companhia das Letras
LELOUP, Jean-Yves. **Amar... Apesar de tudo**. Verus, SP
LEVI, Eliphas. **A Chave dos Grandes Mistérios**. Pensamento
LOVE, Patricia; STOSNY, Steven. **Não Discuta a Relação**. Nova Fronteira, RJ
LYSEBETH, André Van. **Tantra**. Summus Editorial
MC KENNA, Terence. **O Retorno à Cultura Arcaica**. Record, RJ
MAHARSHI, Ramana. **Ensinamentos Espirituais**. Cultrix

MARCOS, Luis Rojas. **Autoestima, nossa Força Interior**. Ediouro, SP

MARQUEZ, Gabriel Garcia. **O Amor nos Tempos do Cólera**. Record

MARTINS, Maria Aparecida. **Primeira Lição - Uma cartilha metafísica**. Vida & Consciência, SP

MASLOW, Abraham H. **Introdução à Psicologia do Ser**. Eldorado, RJ

MATURANA, Humberto R. e VARELA, Francisco J. **A Árvore do Conhecimento**. Palas Athena

MAY, Rollo. **O Homem à Procura de Si Mesmo**. Vozes, RJ

MERTON, Thomas. **A Via de Chuang Tzu**. Vozes

MESSADIÉ, Gerald. **O Enigma Maria Madalena**. Bertrand do Brasil, RJ

MLODINOW, Leonard. **O Andar do Bêbado**. Como o acaso determina nossas vidas. Zahar, RJ

MORO, Javier. **As montanhas de Buda**. Planeta, SP

MOYES, Jojo. **O Som do Amor**. Intrínseca, RJ

NARANJO, Claudio. **Os Nove Tipos de Personalidade**. Objetiva, RJ

NHAT HANH, Thich. **O Sol Meu Coração**. Paulus

NIETZSCHE, Friedrich W. **Assim Falou Zaratustra**. Círculo do Livro

ORNISH, Dean. MD. **Amor & Sobrevivência**. Rocco

ORWELL, George. **1984**. Companhia das Letras

OSHO. **Dinheiro, Trabalho, Espiritualidade**. Gente

_____**O Novo Homem nos Negócios e nas Profissões**. Gente

_____**Relacionamento, Amor e Liberdade**. Shanti

PAULSON, Pat A.; BROWN, Sharon C.; WOLF, Jo Ann. **Viver de Propósito**. Saraiva

PEASE, Allan & Barbara. **Por Que os Homens Fazem Sexo e as Mulheres Fazem Amor?** Sextante, RJ

_____**Desvendando os Segredos da Atração Sexual**. Sextante, RJ

RAY, Sondra. **A Única Dieta que Existe**. Gente, SP

REDFIELD, James. **A Profecia Celestina**. Objetiva, RJ

RISO, Walter. **Amar ou Depender**. Coleção L&PM Pocket

ROBBINS, Anthony. **Poder Sem Limites**. Best Seller, SP

ROBINSON, Jill. **Uma História de Amor**. Imago, RJ
ROJAS, Enrique. **O Amor Inteligente**. Objetiva, RJ
SALOMÃO. **Cântico dos Cânticos**. Tradução de Antônio Medina Rodrigues. Labortexto, SP
SALOMÉ, Lou Andreas. **O Erotismo seguido de Reflexões Sobre o Problema do Amor**. Princípio, SP
SCHOPENHAUER, Arthur. **A Arte de Escrever**. L & PM Pocket
SELIGMAN, Martin. **Felicidade Autêntica**. Objetiva, RJ
SOSKIN, Julie. **Tempos de Transformação**. Pensamento, SP
_____**Você é Sensitivo?** Pensamento, SP
STARBIRD, Margaret. **Maria Madalena e o Santo Graal**. Sextante, RJ
SUDO, Philip Toshio. **Sexo Zen**. Sextante
SULLIVAN, Dan; NOMURA, Catherine. **As 10 Leis do Crescimento Pessoal**. Best Seller, RJ
SYKES, Bryan. **As Sete Filhas de Eva**. Record, RJ
THORPE, Scott. **Pense Como Einstein**. Pensamento/ Cultrix, SP
TOLLE, Eckhart. **O Despertar de uma Nova Consciência**. Sextante
VATSYAYANA. **Kama Sutra**. Multilivros Editorial Ltda.
VON FRANZ, Marie-Louise. **Alquimia**. Cultrix, SP
WALLACE, Irving. **As Medidas do Amor**. Best-seller, SP
_____ **Os 7 Minutos**. Best Seller/Bolso, RJ
WELWOOD, John. **Alquimia do Amor**. Ediouro Publicações
WILBER, Ken. **O Espectro da Consciência**. Cultrix, SP
_____ **O Olho do Espírito**. Cultrix, SP
WILDE, Oscar. **A Importância de ser Fiel**. Peixoto Neto, SP
WILHELM, Richard. **I Ching, O Livro das Mutações**. Pensamento, SP
WILLIAMSON, Marianne; FORD, Debbie; CHOPRA, Deepak. **O Efeito Sombra**. Lua de Papel, SP
WILSON, Edmund. **Os manuscritos do Mar Morto**. Companhia das Letras, SP
YOSHIKAWA, Eiji. **Musashi**. Estação Liberdade, SP
ZOHAR, Danah; MARSHALL, Ian. **QS. Inteligência Espiritual**. Record, RJ

www.ingramcontent.com/pod-product-compliance
Lightning Source LLC
Chambersburg PA
CBHW051348280526
45784CB00007B/2869